그리스·로마 신화 9
이아손 아르고스 코르키스 황금 양털

메네라오스 스테파니데스 글 · 야니스 스테파니데스 그림
25년 동안의 신화 연구 끝에 완성한 이 작품은 1989년 세계에서 가장 오래되고 권위 있는 어린이 문학상 피에르 파올로 베르제리오상을 수상했습니다.

정재승 추천

KAIST에서 물리학을 전공하고 예일대학교 의대 정신과 연구원, 컬럼비아대학교 의대 정신과 조교수를 거쳐 현재 KAIST 바이오및뇌공학과 교수와 융합인재학부장으로 연구하고 있습니다. 의사결정 신경과학을 통해 정신질환을 탐구하고 사람을 닮은 인공지능을 개발합니다. 《과학 콘서트》《물리학자는 영화에서 과학을 본다》《인류탐험보고서》《인간탐구보고서》 등을 기획하거나 썼습니다. 책 읽기를 즐기며, 과학적 상상력과 신화적 상상력을 연결하고 싶어 합니다.

그리스·로마 신화 9
이아손 아르고스 코르키스 황금 양털

메네라오스 스테파니데스 글 | 야니스 스테파니데스 그림 | 정재승 추천

1판 1쇄 발행 2023년 1월 10일 | 1판 5쇄 발행 2024년 12월 15일
펴낸이 정중모 | 펴낸곳 파랑새 | 등록 1988년 1월 21일(제406-2000-000202호)
주간 서경진 | 편집 정혜연 | 디자인 권순영
마케팅 홍보 김선규, 고다희 | 디지털콘텐츠 구지영
제작 윤준수 | 회계 홍수진
주소 경기도 파주시 회동길 152 | 전화 031-955-0700 | 팩스 031-955-0661
홈페이지 www.yolimwon.com | 전자우편 bbchild@yolimwon.com
ISBN 978-89-6155-066-6 74800, 978-89-6155-964-5(세트)

Greek Mythology
Text copyright © Menelaos Stephanides Illustrations copyright © Yannis Stephanides All rights reserved. Korean translation copyright © 2023 by BluebBird Publishing Co. Korean translation copyright arranged with Sigma Publications F.& D. Stephanides O.E. through Shinwon Agency Co., Seoul.

이 책의 한국어판 저작권은 Shinwon Agency를 통한 독점 계약으로 파랑새에 있습니다.
저작권법에 의해 한국 내에서 보호를 받는 저작물이므로 무단 전재와 무단 복제를 금합니다.

어린이제품안전특별법에 의한 제품 표시
제조자명 파랑새 | 제조년월 2024년 12월 | 제조국 대한민국 | 사용연령 12세 이상

그리스·로마 신화 9

이아손 아르고스 코르키스 황금 양털

메네라오스 스테파니데스 글
야니스 스테파니데스 그림

파랑새

그리스 · 로마 신화는
그 자체로 용기에 관한 이야기이며,
젊은이들에게 '용기의 위대함'을
가르치는 이야기이다.

|추천사|

뇌과학으로 신화 읽기: 용기

문화적 차이가 있음에도 대부분의 사회에서 청소년들에게 그리스·로마 신화를 권하는 이유는 무엇일까? 그리스·로마 신화가 젊은이들에게 어떤 미덕을 가르치기에, 시대를 막론하고 그 가치를 인정받는 것일까? 나는 그 해답이 '용기'에 있다고 믿는다. 그리스·로마 신화는 그 자체로 용기에 관한 이야기이며, 젊은이들에게 '용기의 위대함'을 가르치는 이야기이다. 미래는 그 누구도 알 수 없다. 먼바다 너머에 무엇이 있는지 아무도 모른다. 과연 우리가 거대한 풍랑을 헤쳐 나갈 수 있을지는 더욱더 알 수 없다. 알 수 없는 것들

앞에서 인간은 누구나 불안해한다. 우리들의 사춘기는 바로 이런 '불안'으로 가득하다. 과연 나는 자라서 어떤 어른이 될지, 넓은 세상에 나가 무슨 일을 하며 살게 될지 알 수 없기에 무척 불안하다. 가끔 허세를 부려 보기도 하지만, 이내 불안이 엄습해 온다. 나의 운명을 잘 헤쳐 나갈 수 있을지 걱정되기만 한다. 또한 나를 바라보는 타인의 시선이 부담스럽기만 하다.

  이번 9권에서는 '용기'라는 개념을 열쇳말로 주목하길 바란다. 그리스·로마 신화는 용기를 내어 불안을 이겨내고 알 수 없는 미래에 맞선, 그래서 바다 건너 먼 곳으로 떠나 풍랑을 헤쳐 나간 신들의 이야기로 가득하다. 이번 권에서도 마찬가지다. 때로는 비극적 결말이 우리를 기다리고 있지만, 피 흘리며 맞서 싸운 삶은 그 자체로 영웅적이다.

  불안은 보편적이지만 용기는 그렇지 않다. 누구나 불안을 느끼지만, 모두가 그것을 이겨 낼 용기를 가진 것은 아니다.

용기는 삶에서 얻은 작은 성취들을 쌓으며 학습하고 배우는 것이다. 용기를 내어 무언가 성취한 사람들 곁에서 눈으로 직접 보고, 관찰하며, 배우는 것이다. 그리스·로마 신화는 우리에게 용기로 가득 찬 신들의 생생한 이야기를 들려주어 그들을 관찰하고 학습하도록 한다. 이제 우리는 이 책을 통해, 신이 아닌 '인간의 용기'를 만들어 보자!

정재승 (뇌과학자, 『인간탐구보고서』 『인류탐험보고서』 저자)

| 차례 |

추천의 글 6

프릭소스와 헬레 13

샌들 한 짝의 사나이 37

코르키스로의 항해 89

황금 양털 175

집으로의 끔찍한 항해 215

이루지 못한 꿈 289

비극적인 결말 299

프릭소스와 헬레

네펠레

역사와 신화를 구분하기 어렵던 오랜 옛날이었다. 어느 따뜻한 봄날, 구름 하나가 품위 있게 하늘을 가로질러 날아가고 있었다. 구름 위에는 아름다운 여인이 앉아 있었다. 그녀는 하늘의 요정 네펠레였다.

네펠레는 구름 아래에 펼쳐지는 아름다운 경치를 감상하고 있었다. 울창한 숲과 푸른 들판, 호수와 강, 섬과 해안가의 아기자기한 무늬들을 바라보면서, 신들이 '그리스'라는 구석진 나라에 내려 준 아름다움에 감탄하고 있었다.

그림 같은 풍경이 펼쳐지던 중 한 도시가 네펠레의 시선을 끌었다. '오르코메노스'라는 이 도시는 거대한 코파이스 호수 위에 솟아오른 바위 위에 세워져 있었다. 가장 높은 지점에는 크고 아름다운 궁전이 자랑스럽게 모습을 드러내고 있었다.

네펠레는 궁전의 웅장함과 아름다움에 이끌려 점점 아래로 내려왔다. 가까이 보면 볼수록 멋진 궁전이었다.

결국 네펠레는 호기심을 참지 못하고 구름에서 살짝 내려서 궁전의 커다란 발코니에 발을 내디뎠다.

바로 그 순간, 오르코메노스의 젊은 왕인 아타마스가 문을 열고 발코니로 들어왔다. 하늘로부터 내려온 아름다운 네펠레를 보는 순간, 그는 너무 놀라 그 자리에 굳어 버렸다. 네펠레 역시 잘생긴 청년을 놀라운 눈으로 바라볼 뿐이었다.

그러자 아프로디테의 날개 달린 아들, 에로스는 보이지 않게 그들에게 다가가서 절대 빗나가지 않는 사랑의 화살을 그들의 심장을 향해 쏘았다.

이렇게 해서 젊은 남녀는 사랑에 빠졌고 결혼하게 되었다. 네펠레는 더 이상 하늘로 날아 올라가지 않고 아타마스의 대리석 궁전에서 지내게 되었다.

이 결합의 열매는 프릭소스와 그의 여동생 '헬레'라는 사랑스러운 아이들이었다. 네펠레와 아타마스는 두 아이를 이 세상의 그 무엇보다도 사랑했다.

하지만 세월이 흘러가면서 네펠레의 행복은 시들해지기 시작했다. 워낙 끝 간 데 없는 하늘에서의 자유로운 생활이 몸에 배어 있는 그녀는 훌륭한 궁전에 살아도 마치 갇혀 있는 기분이었다.

네펠레는 종종 발코니로 나가서 하늘을 지나가는 구름을 보곤 했다. 그럴 때마다 마음을 짓누르는 커다란 슬픔이 밀려왔다. 그녀는 떠나겠다고 마음먹다가도 아이들 생각이 나면 바로 마음을 바꾸었고 잠시라도 그런 생각을 했던 자신을 뉘우치곤 했다. 하지만 세월이 흘러가면서 네펠레의 슬픔은 점점 더 깊어져 혼자 방 안에서 쓰디쓴 눈물을 흘리는 일이 잦아졌다.

그러던 중 드디어 네펠레가 더 이상 참을 수 없는 날이

오고 말았다. 그날도 그녀는 발코니로 나가서 넓디넓은 하늘을 바라보고 있었다. 그때 갑자기 구름이 내려와 그녀 발 앞에 섰다.

이제는 그 어떤 것도 네펠레를 잡을 수 없었다. 아이들에 대한 생각도 남편에 대한 사랑마저도 떠오르지 않았다. 네펠레는 지상의 모든 것을 까맣게 잊은 채 드넓은 파란 하늘로 자유롭게 올라가 버렸다.

이노

네펠레가 사라져 버린 충격에서 아타마스가 미처 벗어나지 못했을 때 낯선 소녀가 궁전 대문 앞에 나타났다. 소녀가 입고 있는 옷은 그녀가 상류층 신분임을 말해 주고 있었지만 얼굴은 피곤과 깊은 슬픔으로 어두웠다.

소녀가 이야기를 시작했다.

"제 이름은 이노입니다. 저는 테베의 카드모스 왕의 딸입니다. 하지만 헤라 여신께서 저를 도시에서 추방하셨어요. 헤라 님은 제 언니인 세멜레에게 화가 나서 제게 벌을 내리셨어요. 그 뒤로 저는 이방인이 되어 이곳저곳을 방황하며 다녔어요. 그러다가 운 좋게도 이 궁궐로 오게 된 것이랍니다. 저를 조금이라도 불쌍히 여기신다면 이렇게 간청하오니 저를 옆에 있게 해 주세요. 노예로라도 좋아요."

이노가 말하는 동안 아타마스는 혼자 생각했다.

'정말 이상하구나! 한 사람이 떠나자마자 바로 다른 한 사람이 오다니……. 이건 분명 신의 뜻이다.'

아타마스가 이노에게 말했다.

"잘 왔소이다. 그대가 내 도움이 필요하듯 나 역시 그대의 도움이 필요하오. 내 궁전에 머물러도 되고 원한다면 내 아내가 되어도 좋소. 내가 원하는 것은 하나뿐이오. 매몰찬 생모가 버리고 간 내 아이들 프릭소스와 헬레를 사랑과 정성으로 보살피겠다고 약속해 주시오."

이노가 대답했다.

"비록 내 아이들은 아니지만, 당신의 아이들이라는 것만으로도 저는 이미 사랑하고 있습니다. 제가 만약 그들을 친어머니같이 돌보지 않는다면 저는 정말 배은망덕한 인간일 것입니다."

이렇게 해서 아타마스는 이노와 결혼했다.

이노는 두 아이를 친자식처럼 정성을 다해 보살폈다. 하지만 자신의 첫아이를 낳고 나서는 그들에게 점점 신경 쓰지 않았다. 그리고 둘째 아이를 낳았을 때 무관심은 더 심해졌다. 셋째 아이를 낳자 그녀는 프릭소스와 헬레를 미워하게 되었다.

프릭소스와 헬레는 이노 밑에서 불행한 나날을 보내고 있었다. 그들은 종종 발코니로 가서 혹시 친어머니가 구름을 타고 자신들을 보러 오지 않을까 하고 하늘을 바라보았다. 어머니가 자신들을 잊었다고는 단 한 번도 생각해 본 적이 없었기 때문이었다.

하지만 허사였다. 네펠레는 땅 위에 남겨 둔 아이들을 끊임없이 생각했지만, 오르코메노스 위로는 절대로 날아가지 않았다. 그녀는 자신이 돌아오기를 바라는 사랑스러운 두 아이가 그 아래에서 살고 있다는 생각을 하면 미칠 것만 같았기 때문이었다. 만약 그녀가 다시 돌아간다고 결심해도 이미 그녀의 자리는 채워져 있었기에 그럴 수도 없는 노릇이었다.

몇 년이 흘렀다. 프릭소스는 이제 잘생긴 청년이 되었으며 여동생 헬레도 꽃다운 나이가 되어 작은 여신처럼 아름다웠다. 오르코메노스의 모든 백성은 그들을 자랑스러워했다. 그럴수록 이노는 그들을 보는 것조차 참을 수 없을 만큼 증오했다.

아타마스가 점점 나이가 들어 가면서 프릭소스를 후계자로 삼으려는 기미가 보이자, 이노의 질투심은 치솟았다. 그래서 그녀는 밤낮으로 어떻게 하면 오르코메노스의 왕좌를 자신의 아들인 레아르코스가 이어받을 수 있을지를 연구했다.

드디어 이노는 프릭소스를 죽이기로 결정했다. 그러고는 교활한 음모를 꾸미기 시작했다.

옥수수를 심을 때가 다가오자, 이노는 심복들에게 씨앗으로 따로 빼놓은 옥수수들을 모두 볶으라고 명령했다. 당시의 관습에 따라 마을 사람들이 궁전의 곡식 창고로 씨앗을 받으러 왔다. 씨앗은 이미 바짝 마르고 생명력을 잃은 상태였다.

이런 사실을 꿈에도 모르는 농부들은 밭을 갈고 비옥한

땅에 옥수수 씨앗을 뿌렸다. 보슬비가 땅을 적셔 주고 세월이 흘러갔지만 흙에서는 풀 한 포기조차 나지 않았다. 단지 억센 잡초만 자라나 바람에 흔들릴 뿐이었다.

"뭐가 잘못된 거지? 왜 밭이 녹색 옥수수로 뒤덮이지 않는 거지? 우리 아이들은 뭘 먹어야 하지? 왜 신들이 우리를 벌하는 걸까?"

이런 수많은 질문들이 마을 사람들의 입에서 터져 나왔다. 온 백성이 굶주림으로 허덕이게 되자 아타마스는 이 어려움을 헤쳐 나갈 수 있는 방법을 알아보기 위해 델포이 신전으로 신탁을 받으러 사람을 보내기로 했다.

거짓 신탁

바로 이것이 이노가 기다리고 있던 것이었다. 이노는 직접 델포이로 보낼 대표들을 뽑았다. 아무것도 의심하지 않았던 아타마스는 이에 대해 전혀 이의를 제기하지 않았다.

이노의 계획은 차질 없이 진행되었다. 먼저 자신이 고른 사람들에게 뇌물을 주어 꼬인 다음, 미리 준비해 두었던 신탁을 가져오도록 일렀다.

델포이로 전혀 갈 필요가 없었던 대표들은 다른 곳에서 시간을 보낸 뒤 궁전으로 가서 아타마스와 이노에게 말했다.

"오, 너무나 슬픈 소식을 델포이로부터 가져왔습니다. 모든 신들은 프릭소스가 오르코메노스의 다음 왕으로 지명된 것에 대해 분노하고 있습니다. 네펠레의 아들, 프릭소스가 라피스티움 산꼭대기에서 제우스에게 제물로 바쳐지지 않는 한 다시는 열매를 맺지 않을 거라고 합니다."

벼락이 아타마스를 내리쳤더라도 지금 이 소식보다 더 충격을 줄 수는 없었을 것이다.

아타마스는 버럭 소리를 질렀다.

"절대로 그럴 수는 없어! 내 아들에게 해를 주느니 차라리 내가 죽겠어. 그리고 내 말을 잘 듣게. 그 누구에게든 이 신탁을 퍼뜨리는 자는 살려 두지 않겠다!"

"뜻대로 하시옵소서."

이노는 고분고분 대답했지만 이 비밀을 궁녀들에게 즉시 알렸다. 그리하여 그 소식은 물론이고 아타마스가 신탁을 무시하려 한다는 사실까지 오르코메노스 전체에 알려지게 되었다.

그럼에도 불구하고 프릭소스는 백성들 사이에서 인기가 있었기 때문에 아무도 그가 죽는 것을 원하지 않았다. 장터에는 많은 사람이 모이게 되었고 거기서는 이 심각한 문제가 거론되었다.

많은 이들이 이렇게 말했다.

"제물로 바쳐졌다고 해서 꼭 땅이 예전처럼 기름지게 될 거라는 보장이 어디 있어? 만약 헬레도 바쳐야 한다면 어떡하지? 그다음에 우리의 자녀까지 바치라고 하면?"

다른 이가 덧붙였다.

"그래, 그리고 뭐 언제 신탁이 모두 맞았나?"

무리 중에는 이렇게 말하는 이들도 있었다.

"어떻게 해서 신들이 그런 죄 없는 청년의 희생을 원하는지 모르겠어."

백성들의 뜻은 이노의 계략을 실패로 끝나게 하는 듯싶었다. 그때 훼방꾼이 나타났다.

"프릭소스는 죄가 있어요! 신들은 그를 벌줄 만하다

구요!"

 여자의 목소리였다. 그녀는 비아디체로, 프릭소스의 삼촌과 결혼함으로써 프릭소스의 작은 어머니가 되었다. 하지만 그녀가 얼마나 교활하고 악랄한지 아무도 알지 못했다.

 비아디체는 프릭소스에게 복수할 기회가 왔다고 속으로 기뻐했다. 그녀는 프릭소스를 유혹하려다 거절당하고 나서 복수를 꿈꾸고 있었다. 비아디체는 프릭소스가 자신을 범했기 때문에 신들이 그에게 노했다는 이야기를 꾸며 떠들어 댔다.

 이 억울한 누명은 곧 오르코메노스의 모든 이들에게 퍼졌다. 배고픔에 지친 사람들은 별 의심 없이 사실로 믿었고 프릭소스를 비난하기 시작했다. 불과 하루 전만 해도 아무도 그가 제물로 바쳐지는 것을 원하지 않았다. 하지만 이제 백성들은 그를 죽이는 것만이 땅을 다시 살리는 길이라도 되는 양 난리였다.

 아타마스는 프릭소스가 그런 죄를 저질렀다는 것을 도저히 믿을 수가 없었다. 하지만 백성들은 더 이상 참지 못하고 그에게 항의하기 시작했다. 성난 군중이 궁전 밖에 모였다. 어찌나 많이 모였던지 곧 궁궐 대문을 뚫고 들어와서 프릭소스를 산꼭대기로 끌고 올라갈 기세였다.

결정을 못 한 아타마스가 궁 안에서 고민에 빠져 서성이고 있을 때, 이노는 이제야말로 자신이 한 마디 할 때라고 결단을 내렸다.

이노가 말했다.

"지금 결정하셔야만 해요. 비아디체가 하는 말은 모두 진실이에요. 만약 의심하신다면 신들의 분노가 바로 그 증거예요. 백성들은 충분히 당신에게 저항할 수 있고 또 프릭소스가 벌을 받기 위해 라피스티움 산으로 가라고 주장할 수 있어요. 오르코메노스의 운명은 당신 손에 달렸어요!"

아타마스는 더 이상 선택의 여지가 없음을 깨달았다. 게다가 신탁이 거짓임을 꿈에도 모르는 그였다. 그는 이노가 교활한 여자고 비아디체가 거짓말쟁이라는 사실을 알 수가 없었다.

그렇게 하여 제를 올리기로 정해졌다. 프릭소스는 오르

코메노스의 백성들에게 재난을 몰고 왔다는 누명으로 죽을 운명에 처해졌다.

프릭소스는 자신의 모진 운명을 담담히 받아들였다. 비록 저지르지도 않은 범죄로 죽을 운명이었지만 만약 자신이 죽어서 백성들의 배고픔을 해결할 수 있다면 기꺼이 죽을 준비가 되어 있었다.

그러나 한편으로 그는 누명 뒤의 음모를 알아차렸기에 자신이 죽어도 소용없을 것임을 알았다. 헬레 역시 비록 어리기는 했지만 뭔가 끔찍한 부정이 저질러지고 있음을 느낄 수 있었다. 하지만 그녀는 희망을 버리지 않았다.

헬레가 프릭소스에게 말했다.

"우리 어머니가 하늘을 날아다니시잖아요. 분명 모든 것을 보고 계실 거고 절대로 우리를 억울하게 당하게 하지는 않으실 거예요."

다음 날 동틀 무렵, 사람들은 프릭소스를 데리고 제물을 바칠 곳으로 끌고 갔다. 그들은 헬레가 오빠를 따라오지 않기를 바랐지만 그녀는 절대로 오빠와 떨어지지 않으려고 했고 아무도 말릴 수가 없었다. 슬픔에 마음이 으스러진 아버지는 그들 뒤를 따라갔다.

죽음을 따돌리다

행렬은 라피스티움 산꼭대기에 도착해서 제우스 제단 앞에 멈췄다. 군인들이 제물을 위한 장작을 준비하자 칼을 망토에 숨긴 사제가 프릭소스의 팔을 잡았다. 프릭소스와 헬레는 기적을 바라는 눈빛으로 하늘을 두리번거렸다.

그때 갑자기 그들을 향해 다가오는 구름이 보였다. 남매의 심장은 혹시나 하는 희망에 마구 뛰었다. 곧 구름 사이로 희미하게 보이던 여인의 모습이 정확히 보였다.

"우리 어머니가 오고 계세요!"

헬레는 이렇게 외치며 연약한 힘으로 오빠를 사제의 손아귀에서 떼어 내려고 안간힘을 썼다. 사제가 헬레를 밀쳤다.

헬레는 또다시 외쳤다.

"우리 어머니가 오고 계세요! 곧 죽을 아들에게 작별 인사도 못 하게 할 건가요?"

이 말에 사제는 마음이 누그러들었다. 산꼭대기 위에 있던 모든 이들은 빠르게 다가오는 구름을 넋을 잃고 바라보았다. 그 위에는 네펠레가 앉아 있었고 옆에는 햇살에 빛나는 황금빛 숫양이 있었다.

 이 장면을 본 모든 이들은 감동을 받았다. 네펠레를 증오의 눈으로 노려보는 이노만이 예외였다. 사제 역시 마음이 누그러져서 프릭소스를 잡고 있던 손에 힘을 풀었다.

 프릭소스는 헬레와 함께 어머니 품으로 달려갔다. 네펠레는 기쁨의 눈물을 흘리며 두 자녀를 포옹했다. 그러고는 눈물을 닦으면서 아들에게 다급하게 속삭였다.

 "이 황금빛 숫양에 올라타렴. 마법의 양이기 때문에 비록 날개는 없지만 하늘을 날 수 있단다. 그리고 너희는 길을 모르더라도 이 양이 너희를 헬리오스의 아들, 아이에테스가 다스리고 있는 머나먼 코르키스로 데려다줄 거다. 그에게 너를 받아 달라고 하려무나. 그 대신 너는 이 숫양을 먼저 제우스에게 바치고 나서 황금 양털을 선물로 주겠다고 해라. 이 황금 양털은 그에게 소중한 물건이 될 것이다."

프릭소스는 양의 등 위로 뛰어올랐고 그 뒤에서 헬레가 외쳤다.

"나도 데려가 줘요! 내가 여기 혼자 어떻게 남아 있겠어요?"

헬레도 양의 등 위에 올라탔다. 양은 바로 하늘로 떠올라서 모여 있던 사람들을 깜짝 놀라게 했다.

"잘 가렴, 내 아이들아!"

네펠레는 황금 숫양이 자신의 소중한 보석들을 태우고 사라지는 것을 보면서 외쳤다. 아타마스는 이런 생각지도 않은 도움에 기쁨을 감출 수 없었다. 이 위대한 기적에 압도당한 사람들도 함께 작별 인사를 했다. 그들은 순결한 청년에게 끔찍한 운명을 내리려고 했었다는 데 심한 가책을 느꼈다.

곧 빛나는 숫양은 황금색 점이 되었고 하늘 저편으로 사라져 버렸다.

프릭소스와 헬레는 기쁨으로 터질 듯한 마음으로 평화롭게 날아갔다. 산과 들판 위로 빠르게 지나갔고 곧 크고 작은 섬으로 가득 차 있는 거대한 바다 위를 지났다. 이들의 비행이 계속 순조로웠다면 얼마나 행복했을까! 하지만 안타깝게도 그렇지 못했다.

마르마라해와 에게해를 이어 주는 좁은 해협에 다다랐을 때였다. 갑자기 날씨가 나빠졌다. 시커먼 구름이 하늘을 가득 메우더니 천둥 번개가 내리치는 게 금세 세상이 끝날 것 같았다. 동시에 사나운 바람이 불었다.

숫양은 당황하지 않고 곧바로 날았다. 하지만 헬레는 겁에 질려 있었다. 그녀는 폭풍우 속에서 흔들리는 바다를 끔찍한 듯 바라보며 어쩔 줄을 몰랐다. 프릭소스는 언제나처럼 담담하고 용감하게 여동생에게 자신만 꼭 잡고 있으면 아무 일 없을 거라고 안심시켰다.

하지만 헬레는 점점 더 겁에 질렸고 치솟아 오르는 폭풍 속에서 더 이상 자신을 지탱할 수가 없었다. 피로와 두려움에 지친 헬레는 프릭소스를 잡았던 손을 놓치고 말았다. 수평선 저쪽에 맑은 햇살이 보이기 시작하는 바로 그 순간, 헬레는 숫양의 미끄러운 등에서 절망의 비명 소리와 함께 저 아래 나락으로 떨어지고 말았다. 그녀를 구할

길은 없었다.

여동생을 잃고 절망 속에서 혼자가 된 프릭소스는 슬픔으로 찢어지는 가슴을 안고 비행을 계속했다. 헬레는 죽었지만 그녀의 이름은 영원히 남아 있도록 운명지어져 있었다.

헬레가 떨어져 죽은 그 해협은 그 뒤 '헬레스폰토스'로 불리게 되었다. 그 좁은 벽 사이로 흐르는 물결은 으르렁대다가도 가끔씩 작은 중얼거림처럼 잦아드는데, 사람들은 이것이 바로 네펠레가 딸의 영원한 잠을 위해 달콤하게 불러 주는 자장가 때문이라고 말한다.

코르키스의 프릭소스

지칠 줄 모르는 숫양이 드디어 코르키스에 도착했다. 숫양은 프릭소스를 아이에테스가 서서 기다리고 있는 궁궐의 정문 앞으로 데려가서 내려 주었다. 청년이 등장하는 모습에 감탄한 아이에테스는 그를 궁궐 안으로 초대했다.

프릭소스는 숫양과 함께 들어가서 자신의 비극적인 이

야기와 여동생을 잃게 된 이야기까지 모두 아이에테스에게 들려주었다.

아이에테스는 아주 심각하게 그의 이야기를 들었다. 그리고 프릭소스를 코르키스로 데려온 멋진 짐승의 황금 털을 보고는 행운을 예감하고 있었다. 아이에테스는 프릭소스를 기꺼이 받아들였을 뿐만 아니라 딸 칼키오페와 결혼시켰다. 이들로부터 네 명의 아들이 태어났다.

프릭소스는 어머니의 말대로 멋진 양을 추방된 사람들의 보호자인 제우스에게 제물로 바쳤다. 황금 양털이라 불리는 양의 가죽은 아이에테스에게 선물로 바쳤다.

귀한 선물에 감동한 아이에테스는 황금 양털을 아레스 신의 성스러운 숲 안에 있는 천년 묵은 참나무에 매달고는 무시무시한 용을 두어 밤낮으로 지키게 했다.

황금 양털이 귀중한 물건이라는 것이 곧 증명되었다. 코르키스에서는 믿을 수 없는 변화가 일어났다. 집집마다 가난이 사라졌고 부와 풍요가 넘쳐흘렀다.

아이에테스는 왕들 중에서 가장 부유한 왕이 되었으며 그의 군대는 세상에서 가장 강한 군대가 되었다.

곧 이 엄청난 행운이 황금 양털의 마법의 힘에서 비롯된 것이라는 소문이 멀리멀리 퍼졌다. 자신과 고국의 부를 꿈꾸는 많은 모험가들이 황금 양털을 목표로 삼게 되었다.

하지만 모두 코르키스의 왕을 두려워했으며 이런 승산 없는 모험에 목숨을 걸기를 꺼려했다. 그리고 입에서 불을 내뿜고 절대 잠도 안 자는 용이 황금 양털을 지키고 있다는 소리를 들었을 때, 아이에테스에게서 귀중한 보물을 빼앗아야겠다는 생각 자체를 아예 버렸다.

하지만 이 불가능한 일을 성취한 영웅이 태어났다. 그는 이올코스의 영웅 이아손이었다. 이아손은 끝이 날 것 같지 않은 모험과 끔찍한 시험들을 통과한 뒤에야 황금 양털을 그리스로 가져왔다.

하지만 그가 황금 양털과 함께 부와 행복도 가져온 것은 아니었다. 어쩌면 이 이야기는 우리에게, 부와 행복은 손가락 사이로 빠져나가는 모래와 같은 꿈이라는 교훈을 주고 있는지도 모른다. 그게 아니라면 완전히 다른 메시지를 전해 주려고 하는 이야기인지도 모른다. 어느 쪽이든지 독자들이 이 흥미진진한 이야기를 읽고 스스로 판단해 보기 바란다.

샌들 한 짝의 사나이

이아손의 탄생

이아손은 프릭소스를 태운 황금 숫양이 코르키스에 도착할 즈음 이올코스에서 태어났다. 대개 아이의 탄생, 특히 사내아이의 탄생은 부모에게 기쁨을 준다. 그러나 이아손의 부모에게는 커다란 절망이었다. 그의 아버지인 아이손은 오랫동안 자신에게 아들이 생길까 봐 두려워했다. 거기에는 이유가 있었다.

이올코스의 크레테우스 왕의 아들 아이손은 크레테우스의 유일한 후계자였다. 하지만 크레테우스가 죽었을 때 그의 자리를 이은 사람은 아이손이 아니라 다른 아버지가 낳은 이복동생 펠리아스였다.

  펠리아스는 교활하고 잔인했으며 자신의 아버지가 무시무시한 포세이돈이라고 자랑하고 다녔다. 그렇기 때문에 자신이 아이손보다 더 왕이 될 자격이 있다고 주장하는 사람이었다.

  펠리아스는 자신을 내세우지 않는 순한 성격의 형에게는 두려움이 전혀 없었지만 그런 그에게 아들이 생길까봐 벌벌 떨었다. 이 문제에 대한 해결책은 단 한 가지였다. 만약 형에게 아들이 생긴다면 그 소년이 왕좌를 내놓으라고 말할 만큼 나이가 차도록 놔두지 않을 참이었다.

  아이손도 그런 펠리아스의 마음을 알았기에 부인이 아들을 낳자 어쩔 줄을 몰라 했다. 그래서 부부는 아이가 죽었다고 소문을 냈고 강보에 나무토막을 싸서 가짜로 장례식까지 치렀다. 아이손은 아기를 데리고 페리온 산으로 올라가서 지혜로운 케이론에게 맡기면서 키워 줄 것을 부탁했다.

케이론의 가르침을 받는 이아손

케이론은 지혜로울 뿐만 아니라 자비로운 스승이기도 했다. 그는 불운한 아버지를 불쌍히 여겨 아이를 기꺼이 받아들였다.

아이손이 말했다.

"한 가지만 간청하겠습니다. 절대로 누구의 아들인지를 알려 주지 마십시오. 매일 이아손이 잔인한 펠리아스에게 죽을지도 모른다는 생각에 떠느니 차라리 아들이 없다고 생각하는 편이 낫습니다."

하지만 케이론의 생각은 달랐다.

"그가 어리고 약한 동안에는 아무 말도 하지 않겠소이다. 하지만 자라나서 지식과 힘을 키우게 되어 펠리아스가 그를 두려워하게 될 때에는 난 누구의 아들인지 알려 줄 것이고 또한 이올코스의 왕좌는 그의 권리라는 것도 말해 줄 것입니다. 그리고 이것을 약속드리지요. 저는 꼭 그를 진정한 영웅이 되도록 하겠습니다."

아이손이 대답했다.

"지혜로운 스승이시여, 어떻게 제가 감히 조언을 드리

겠습니까? 최선이라고 생각하시는 대로 행하십시오. 저는 언제까지나 당신께 감사할 뿐입니다."

그렇게 하여 케이론은 어린 이아손을 자신의 동굴로 데려갔다. 케이론의 어머니 피라는 아기인 이아손을 보살펴 주었다. 하지만 이아손이 걸음마를 하기 시작하면서부터는 케이론이 직접 그의 양육을 맡았다.

케이론의 가르침을 받은 이아손은 그 누구에게도 뒤지지 않는 힘과 용기를 얻었다. 그는 창과 활의 최고수가 되었으며 검술은 물론 전쟁술도 배웠다. 그리고 야생 동물이 많은 페리온산에 살았기 때문에 훌륭한 사냥꾼이 되었다. 어린 나이에 사람들을 두려움에 떨게 했던 사나운 짐승인 표범을 잡아 놀라게 하기도 했다.

케이론은 자신의 제자가 표범을 죽이고는 그 가죽을 두르는 모습을 자랑스럽게 바라보았다.

"언젠가 이 녀석은 분명 상상 밖의 업적을 이룰 수 있는 영웅이 될 거야."

케이론은 육체적인 힘만 키워 준 게 아니었다. 그는 이아손에게 판단력과 지식을 키울 수 있도록 인간에게 알려진 모든 학문을 두루 가르쳤다.

둘은 함께 앉아서 세계 역사에 대해 이야기했다. 케이론은 이아손에게 신과 인간들에 대해서, 먼 옛날부터 지금까지 있어 온 모든 사건들을 이야기해 주었다. 이아손은 스승이 들려주는 세상의 탄생, 대지의 여신이 카오스로부터 어떻게 나왔는지 그리고 그다음에는 천국, 산, 바다, 아름답고 강력한 신들이 어떻게 태어났는지에 대한 이야기를 넋을 잃고 들었다.

다음으로 케이론은 그에게 식물과 동물이 생겨난 과정 그리고 마지막으로 다섯 세대의 인류가 지구에 생겨난 이야기를 해 주었다. 또한 사랑과 노동이 세상을 얼마나 멋지게 만들었는지를 이야기했고 또 그중에 많은 부분이 미움과 악에 의해 파괴된 이야기도 해 주었다.

이아손은 휘둥그레진 눈으로 무시무시한 티탄의 전쟁 이야기를 들었고, 손에 번개를 쥐고 있는 제우스가 신들의 왕이 된 이야기며 올림포스의 신들이 전쟁에서 승리한 것도 들었다.

그는 무거운 가슴으로 지구가 홍수에 뒤덮였던 이야기

와 인류를 사랑해서 카프카스 산맥의 바위에 못으로 박히게 된 프로메테우스의 매몰찬 운명에 대한 이야기도 들었다.

케이론이 이아손에게 해 주지 않은 이야기는 없었다. 케이론은 그에게 프릭소스와 헬레의 이야기를 해 주었다. 또한 머나먼 코르키스 아레스숲의 천 년 묵은 참나무 가지와 거기 매달려 있는 황금 양털이 가진 마법의 힘에 대해서도 이야기해 주었다.

이아손이 물었다.

"만약 누군가가 그 황금 양털을 이리로 가져온다면 부와 풍요도 함께 온다는 뜻인가요?"

호기심에 가득 찬 이아손은 지혜로운 스승의 대답을 목이 빠지게 기다렸다.

케이론이 대답했다.

"모두들 그렇게 이야기하지. 하지만 너무나 어려운 일이기 때문에 아무도 이 일을 할 만한 용기를 가진 자가 없어. 왜냐하면 코르키스는 헬리오스의 아들이기도 한 막강한 왕인 아이에테스가 다스리고 있는데, 그는 황금 양털을 지키기 위해서라면 어떤 짓이라도 할 것이거든.

게다가 그 황금 양털의 안전은 아이에테스의 딸이자 이 세상에서 가장 강력한 마법사인 메데이아가 맡고 있단다. 또한 밤낮으로 아주 끔찍한 용이 보초를 서고 있는데, 그 용은 티폰과 에키드나의 자손이라서 자지도 않을뿐더러 불멸이지.

그리고 마지막으로 여기서 코르키스까지는 낯선 바다를 여럿 거쳐야 하고 또 전혀 알지 못하는 장소들이 잔뜩 있어서 수천 가지 위험이 도사리고 있단다. 이러니 누가 당연히 죽음밖에 보이지 않는 모험을 시작하려고 하겠느냐?"

이아손은 이 이야기에 무척 감명되었다. 그는 며칠 밤을 잠 못 이루며 머나먼 코르키스로의 여행을 상상했다. 그러다가 하루는 용기를 내어 케이론에게 말을 꺼냈다.

"그렇다면 그 황금 양털을 그리스로 가져온다는 것은 꿈에 불과한 것인가요?"

"아니, 그렇지는 않다고 생각해. 가장 불가능해 보이는 일이라 할지라도 만약 그에게 충분한 의지와 힘 그리고 죽음을 두려워하지 않는 용기가 있다면 가능할 수도 있지. 그리고 그 어떤 것도 위험 없이 이뤄지는 건 없어. 이 세상은 용감한 노력을 통해 만들어졌고 앞으로도 그런 행동들이 있어야만 발전할 수 있지."

이아손은 생각했다.

'자기의 옹졸한 이익만을 생각하지 않고 영광스러운 행동으로 이 세상의 사랑을 얻으려 함이 얼마나 멋진가!'

오직 한 가지만이 이아손의 어린 시절을 어둡게 만들었다. 케이론이 자신의 부모에 대해 말해 주지 않는 것이었다. 이아손이 물어 볼 때면 그는 언제나 대답하기를 피했다. 딱 한 번, 이아손이 끈질기게 묻자 이렇게 말했다.

"이아손, 언젠가 너는 네 질문에 대한 답을 듣게 될 것이고 그때가 되면 무척 기뻐할 것이다. 하지만 아주 중대한 이유 때문에 아직은 답을 줄 수가 없구나."

케이론에 대한 믿음이 강했던 이아손은 자신의 급한 마음을 달랠 수 있었다.

이아손이 스무 살이 되었을 때, 케이론은 드디어 그날이 왔다고 판단했다. 이아손은 이제 그 어떤 일도 해낼 수 있을 만큼 컸다. 그래서 그는 이올코스가 보이는 페리온 산의 꼭대기로 이아손을 데리고 올라갔다.

위대한 일을 위해 준비가 되다

케이론이 말했다.

"바로 저기가 네가 태어난 도시이자 네 부모님이 살고 계시는 곳이다. 이제 네가 누구인지 알려 줄 때가 왔다. 지금까지 말할 수 없었던 이유는 네게 극악무도한 적이 있었기 때문이었다. 그가 바로 이올코스의 왕인 펠리아스란다.

하지만 이제 너는 그와 맞설 만큼 충분히 컸기에 모든 이야기를 알 때가 되었다. 너는 아이올로스인이다. 다시 말해서 그리스 민족의 창시자인 헬렌의 아들 아이올로스의 자손이라는 뜻이다. 아이올로스에게는 아들이 일곱 있었지. 그중 시시포스는 코린토스의 건국자였고 아타마스는 오르코메노스의 건국자였고 크레테우스는 바로 네가 보고 있는 저 도시 왕국의 건립자였다. 크레테우스의 아들이 바로 네 아버지 아이손이다. 아타마스의 아들은 프

릭소스인데 너와 프릭소스는 친척이지.

내가 지금 이 이야기를 하는 것은 과거에 아타마스의 아이들과 황금 양털에 대해 많은 이야기를 했기 때문이다. 사실 어떤 예언에 따르면 아이올로스 사람이 마법의 숫양을 타고 코르키스로 갔던 것처럼 또 다른 아이올로스 사람이 그 먼 나라로 가서 프릭소스가 아이에테스에게 바친 황금 양털을 다시 가져올 것이라는 말도 있단다. 그가 누가 될지는 나도 모른다. 내가 아는 것은 지금까지 설명한 것처럼 너도 아이올로스인이라는 것이다.

다시 본론으로 돌아가서 네 할아버지인 크레테우스가 세상을 떠났을 때, 네 아버지가 이올코스의 왕이 되어야 했다. 하지만 왕좌는 네 아버지의 이복동생이자, 크레테우스의 부인이 다른 남편으로부터 낳은 아들인 펠리아스가 차지했다. 네 아버지는 목숨을 구하기 위해 펠리아스를 왕으로 인정해야만 했고 자신은 평범한 시민으로 도시 변두리에서 가난하게 살아야 했다.

만약 펠리아스가 네가 태어난 사실을 알았더라면 너를 죽였을 것이다. 그래야지만 언젠가 너한테 왕좌를 빼앗기지 않게 될 것이기 때문이었지. 다행히 그는 네 존재를 모른단다. 왜냐하면 네가 태어나자마자 네 아버지가 이곳으로 데려왔기 때문이란다.

이제 네가 저 왕좌의 정통 후계자이니 펠리아스를 쫓아내고 왕이 되어야 한다. 그리고 그동안 펠리아스의 지배 아래에서 사라져 버렸던 사랑과 지혜로 도시를 다스리는 것만이 네 임무다. 네게는 지성과 힘과 용기가 있으며 아주 훌륭한 지도자가 될 거라고 생각한다.

하지만 미리 이야기해 주건대 펠리아스를 왕좌에서 쫓아 내는 일은 그렇게 호락호락하지 않을 것이다. 펠리아스에게는 너 같은 힘과 젊음이 없을지 모르지만 교활하고 잔인해서 네가 미처 예견하지 못했던 방법들로 너를 이기려 들 것이다. 그러나 네가 가지고 있는 의지와 재주를 잘 발휘한다면 분명 너는 성공할 것이다.

그리고 이제 너는 내가 가르칠 수 있는 모든 것을 배웠으니 우리가 헤어질 때가 온 것 같다. 너는 네가 어디로 가야 하고, 누구이고, 무엇을 해야 하는지 알고 있다. 한 가지만 엄숙하게 맹세해 다오. 아무리 싸움이 힘들어지더라도 절대로 명예를 더럽히는 짓은 하지 마라. 악의 날개보다 선의 날개가 한 인간을 훨씬 고귀한 존재로 만든다는 사실을 절대로 잊지 말아라. 그리고 만약에 네가 그것을 잊게 된다면 그때 네게 해 줄 말은 오로지 이 말 한마디다. 난 네가 불명예스럽게 이기는 것을 보느니 차라리 패배하는 것을 보겠다는 말이다.

자, 이제 가서 끝까지 진실되고 정직한 사람으로 살아라. 네가 내 가르침을 끝까지 지켰다는 이야기를 듣게 해 주는 것만이 내게는 가장 큰 보람이 될 것이다. 그 외에 내가 바라는 것은 아무것도 없다."

이아손은 스승의 지혜로운 가르침을 절대 잊지 않겠다는 약속을 하고 기쁜 마음으로 산을 내려갔다.

하지만 그가 두 발자국도 채 못 갔을 때 덤불 뒤에 엎드려 숨어 있던 남자의 발을 밟았다. 남자는 벌떡 일어났지만 발을 밟힌 것에 대해 뭐라고 호통치기보다는 당황해서 더듬거리기 시작했다.

"난 아무것도 듣지 못했어요! 아무한테도 말하지 않을 거예요!"

이렇게 몇 번 말하더니 그는 재빨리 사라져 버렸다.

"난 네가 어디로 가는지 정확히 알고 있어!"

케이론은 사라지는 남자의 뒤에 대고 소리쳤다. 케이론은 이아손에게 이렇게 덧붙였다.

"잘 알고 있는 놈이다. '테산드러스'라는 아주 유명한 첩자지. 지금 자신이 들은 것을 팔려고 저렇게 도망가고 있단다. 하지만 걱정하지 마라. 멀리 못 갈 거다."

그래서 이아손은 이 일은 까맣게 잊고 앞으로 다가올 멋진 계획들에 대해서만 생각하며 페리온산의 언덕을 내려갔다.

이아손과 할머니

물살이 센 강가에 다다라서 막 건너려고 할 때, 뒤에서 누군가가 이아손을 불렀다.

"젊은이, 나 좀 도와줘요! 이 불쌍한 노인네 좀 도와줘요!"

고개를 돌려 목소리의 주인공을 본 이아손은 깜짝 놀랐다. 그 할머니는 적어도 백 살은 되어 보였고 더럽고 낡은 누더기를 입고 있었다. 얼굴은 온통 구멍투성이였고 구멍마다 파리들이 붙어 있었다.

하지만 이아손은 역겹다기보다는 불쌍하다는 생각이 들었다.

"할머니, 제가 어떻게 도와드리면 될까요?"

이아손은 할머니에게 다가가서 얼굴에 날아다니는 파리를 쫓아 주며 물었다.

"정말 친절하구나, 애야. 보통 사람들 같으면 내 근처에는 오려고도 하지 않지. 이 강을 건너야 하는데 내 약한 다리로는 너무 어렵구나. 그리고 여태껏 이곳을 지나간 사람들은 아무도 나를 도와주려고 하지 않았단다. 이 세상에는 왜 이렇게 동정하는 마음이 없을까? 늙는다는 것은 정말 끔찍한 일이야, 젊은이. 아무도 돌봐 줄 사람이 없을 때처럼 끔찍한 일은 없어."

"할머니, 너무 슬퍼하지 마세요. 저랑 같이 건너가면 돼요."

이아손은 이렇게 말하고는 자신의 든든한 팔로 할머니를 업고 물살을 가로질러 갔다.

물살이 너무나 셌기 때문에 매우 조심해서 걸어야 했다. 그러는 사이에 이아손의 샌들 한 짝이 벗겨졌다. 강을 건넌 뒤 할머니를 내려놓고 다시 강으로 가 찾아봤지만 어디에도 없었다. 그는 할머니에게 더 도와 드릴 일이 없는지 물었다.

할머니는 이렇게 말할 뿐이었다.

"젊은이, 잘 가게나. 그리고 내 축복도 가져가게나."

얼마 가지 않아 등 뒤에서 아주 낭랑하고 아름다운 여자 목소리가 들려왔다.

"이아손!"

이아손은 혼잣말로 중얼거렸다.

"이상한걸."

할머니의 목소리가 아닌 것도 이상했지만 자신의 이름을 알고 있다는 데 더 놀랐다. 고개를 돌려 뒤를 돌아본 이아손은 소스라치게 놀랐다. 자신이 할머니를 내려놓은 그 자리에는 아름다운 여인이 왕실의 옷을 입고 머리에 금관을 쓴 채 서 있었기 때문이었다. 헤라가 그를 부르고 있었다. 이아손은 헤라를 넋을 잃고 존경하는 마음으로 바라볼 뿐이었다.

헤라가 말했다.

"이아손, 내가 항상 네 곁에 있을 테니 네 갈 길을 용기 있게 가거라. 방금 전에 네가 도와준 노파는 바로 나였단다. 네가 오기 전에 다른 놈이 하나 지나갔지. 케이론과 네 이야기를 엿듣던 테산드러스였어. 그에게 도와 달라고 부탁했지만 그는 내 곁에 오려고도 하지 않았지. '그럼 내게 뭘 줄 거냐, 이 늙은이야?'라고 외치더군. 그래서 '내 축복을 받으렴, 젊은이. 그 외에는 자네에게 줄 게 아무것도 없구나.'라고 대답했지. '그렇다면 잘 먹고 잘 사쇼.' 그는 이렇게 말하고는 혼자 신나서 막 웃더군. '그래? 그렇다면 내 저주를 받아라!' 하고 외쳤단다. 그가 어떻게 되었을지는 뻔하지. 그는 이 강을 끝까지 건너지 못했다. 발이 미끄러져서 급류에 떠내려가고 말았지. 다시 말하노니 내가 너를 보호할 테니 용기 있게 네 갈 길을 가거라."

이아손은 아직도 자신이 보고 들은 것을 믿기 어려웠지만 이 막강한 여신 앞에 존경의 뜻으로 무릎을 꿇었다. 그리고 자신감을 품고 이올코스를 향해 출발했다.

펠리아스

이아손이 도시 외곽에 도착할 무렵, 펠리아스는 궁전 밖으로 나와 자신의 전차에 똑바로 서 있었다. 하지만 오늘 그는 산책이나 하려고 궁궐 밖으로 나온 게 아니었다. 다른 목적이 있었다.

펠리아스는 매우 불안해 보였고 누군가를 찾는 것처럼 지나가는 사람들을 일일이 쳐다보았다. 하지만 가장 이상

한 점은 그가 얼굴을 쳐다보는 게 아니라 사람들의 발을 살피고 있었다는 것이었다.

펠리아스는 바로 몇 분 전에 델포이의 신탁으로부터 예언을 들었다. 그는 언제나 자신이 형 아이손으로부터 왕좌를 빼앗은 것처럼 또 다른 누군가가 자신을 왕좌에서 몰아낼 거라는 두려움 속에 살고 있었다. 그래서 신탁에 사람을 보냈던 것이다. 어떻게 하면 이 위협을 이겨 낼 수 있을지 알기 위해서였다. 그가 받은 대답은 다음과 같았다.

"샌들을 한 짝만 신은 사람을 주의하라."

그래서 지금 펠리아스는 모든 이들의 발을 살피며 거리를 돌아다니고 있는 중이었다.

그러는 동안 이아손은 이올코스 왕국으로 이미 들어와 있었다. 거리의 사람들은 고개를 돌려 그를 쳐다보았다. 그가 신발 한 짝이 없어서 쳐다보았다기보다는 표범 가죽 옷이 그들의 눈길을 끌었다. 이 가죽 옷은 그가 어떤 사람인지를 분명히 나타내고 있었기 때문에 모두들 존경의 눈으로 그를 쳐다보았다.

이아손의 가장 큰 소원은 자신의 부모를 만나는 것이었다. 그래서 그는 아이손의 집이 어디에 있는지 물어 보았다.

도시 사람들은 되물었다.

"아이손에 대해 묻는 자네는 누구인가?"

"전 결코 이방인이 아닙니다. 저도 이올코스 출신입니다. 다만 태어나는 날부터 거의 이곳을 떠나있었지만 말입니다. 이제 저는 집으로 돌아온 것이고 가장 간절한 소망은 한 번도 본 적이 없는 부모님을 뵙는 것입니다."

사람들이 도대체 이 청년이 누구이고 뭘 원하는지를 알아보고 있는 동안, 말발굽 소리와 전차 바퀴 소리가 들렸다. 아주 화려한 전차가 다가왔다. 왕실의 전차였고 펠리아스가 고삐를 잡고 위엄 있게 서 있었다.

즉시 거리의 모든 사람들은 뒤로 물러났고 이아손만 거리 한가운데에 서 있었다. 그는 펠리아스의 관심을 한 몸에 받았다. 그의 한쪽 발이 맨발이었기 때문이다.

펠리아스는 급하게 고삐를 당겨서 '샌들 한 짝'의 사나이 앞에 전차를 세웠다. 그는 이방인을 머리끝에서 발끝까지 훑어보았다. 진정 이 젊은이는 두려워할 만했다. 젊고 잘생기고 강한 육체를 가진 젊은이였다. 눈에서는 의지와 용기가 흘러나왔다. 게다가 청년이 걸치고 있는 표

범 가죽은 더더욱 펠리아스를 두렵게 했다. 저런 무시무시한 동물을 죽일 수 있는 자라면 분명 평범한 사람은 아닐 것이기 때문이었다.

펠리아스는 충격에서 벗어나서 냉정하게 생각하기 시작했다.

'먼저 저 녀석을 시험해 보겠어. 정말 그가 신탁에서 말한 사람인지를 알아볼 것이고 동시에 내 힘을 보여 주겠어.'

펠리아스가 이아손에게 명령했다.

"대답하라! 지금 그대는 이올코스의 왕, 펠리아스 앞에 서 있도다. 네가 누구인지, 어디에서 왔는지 그리고 무슨 이유로 왔는지 말하라. 만약 사실을 말하지 않을 경우에는 각오하는 게 좋을 것이다."

이아손은 퉁명스럽게 대꾸했다.

"그 누구도 내게 이런 식으로 말한 적은 없습니다. 어쨌든 대답하지요. 내 이름은 이아손, 페리온에서 왔소. 거기에서 내 스승인 케이론은 내게 가장 중요한 것 두 가지를 가르쳐 주셨소. 진실을 사랑하라는 것과 두려워하지 말라는 것이었소. 그보다 지금 당신이 가장 궁금하게 생각하고 있는 것에 대해 말하지요.

나는 아이손의 아들이오. 그리고 당신은 당신 앞에 서 있는 내가 바로 이올코스 왕좌의 정통 후계자임을 알고 있을 것이오. 아버지는 내 존재를 당신에게 숨겼고 나를 살리기 위해 페리온으로 데려갔소.

이제 내가 돌아와서 권리를 찾을 때가 온 것이오. 그리고 당신은 이제 결정해야만 할 때가 온 것이오. 정당하고 공평한 결정이어야 하오. 어찌 되었든 우리는 혈육이고 우리의 이해 관계를 평화적으로 풀어야 한다고 생각하오. 그리고 지금 당장 내게 필요한 것은 우리 아버지의 집이 어디인지를 알아서 부모님을 뵈러 달려가는 것이오."

펠리아스는 모든 것을 듣고 나자 더 이상 의심의 여지가 없음을 알았다. 그의 앞에는 자신이 경계해야 하는 바로 그 사람이 서 있었다.

'위험해, 정말 위험해. 하지만 솟아날 구멍은 언제나 있는 법. 그는 젊고 충동적이야. 게다가 꾀라는 것은 전혀 모르고 말야. 내가 덫을 놓으면 분명 걸려들고 말 거야.'

이렇게 생각한 펠리아스는 거짓으로 그를 환영하는 표정을 지으며 말했다.

"이보게, 청년. 아이손의 아들이라니 정말 만나서 반갑네. 자네가 상상하는 것처럼 난 그렇게 못된 인간이 아니라네. 그리고 자네에게 내 왕좌를 물려주는 것에 대해 전혀 반대하고 싶지 않다네. 내게 필요한 것은 자네가 정말 이런 막중한 책임을 질 만한 자격이 있는지를 알기만 하면 된다네.

하지만 이렇게 첫눈에도 의심할 여지가 없는 것 같군. 먼저 자네의 부모님을 만나고 마음 내킬 때 나를 만나러 오게나. 그때 가서 친척으로서 그리고 친구로서 우리의 일을 의논해 보도록 하세."

이렇게 말한 펠리아스는 이아손을 그의 아버지 집으로 안내하라고 명령하고는 전차를 돌려서 돌아갔다. 하지만 궁궐로 돌아가는 내내 그의 머릿속은 어떻게 하면 이아손을 죽일까 하는 궁리로 꽉 차 있었다.

이아손의 부모는 오랫동안 떨어져 지냈던 아들을 기쁨의 눈물로 맞았다. 아이손의 집에는 친척들과 친구들이 계속 몰려왔고 이 기쁜 만남을 축하하기 위해 잔치가 열렸다.

잔치는 5일 동안 이어졌고 매일매일 더 많은 친척과 친구들이 그리스의 저 끝에서도 찾아왔다. 게다가 그 많은 이들은 단지 아이손의 아들이 돌아온 것만을 축하해 준 게 아니었다. 그들은 이아손이 교활한 펠리아스와 싸우는데 그를 도울 준비가 되어 있었다.

기나긴 잔치가 끝나자 뜻이 있는 사람들이 모여서 어떻게 하면 이아손이 이올코스의 왕좌를 되찾을 수 있는지에 대해 의논하기 시작했다.

이아손이 먼저 말했다.

"펠리아스는 우리의 이해관계를 평화적으로 풀어 가고 싶다고 했습니다. 하지만 내가 그를 찾아가면 그는 분명 말도 안 되는 조건을 내놓을 거라고 생각합니다."

한 노인이 말했다.

"이보게, 이아손. 우리는 펠리아스를 잘 안다네. 궁궐에 혼자 가서는 안 되네. 그러면 아마 한 마디도 하기 전에 자네는 문 뒤에 숨어 있는 군사에게 죽임을 당하고 말 걸세."

거기 참석한 모든 이들이 노인의 지혜로운 의견에 동의했다. 그래서 다음 날, 이아손이 궁궐에 갈 때 친구들이 그와 함께 갔다. 그들은 그리스 전역에서 이름을 떨치는 영웅들이었다. 이 용감한 무리들이 이아손을 앞세워서 궁궐에 오는 것을 본 펠리아스는 원통해하며 중얼거렸다.

"내 계획은 무산되었군!"

이제 어떻게 해야 할 것인가? 매우 풀기 어려운 과제였다. 펠리아스는 몇 분 동안 이아손과 그의 동료들을 노려보면서 생각했다. 그러다가 결국 사실을 이야기하기로 결심했다.

펠리아스가 입을 열었다.

"혼자 오지 않다니, 아주 지혜로운 선택을 했구나. 사실 나는 처음에 솔직하게 말하지 않았단다. 하지만 이제는 솔직하게 말하겠다. 신탁으로부터 '샌들 한 짝의 사나이를 경계하라.'는 메시지를 받았지.

너도 기억하겠지만 너를 처음 만났을 때 샌들을 한 짝만 신고 있었으니 신탁에서 경고했던 사람이 너라는 것을 짐작하겠지. 게다가 네 입으로 내 왕좌를 가져가려고 왔다고 했지. 이성적인 사람인 것 같으니 어디 말해 보자꾸나. 너도 내가 지금 솔직하게 말하고 있듯이 그렇게 말해 보렴. 네가 내 입장이라면 어떻게 하겠니? 지난 20년 동안 지배해 온 왕국을 그냥 쉽게 포기할 수 있겠느냐?"

순간 이아손의 머릿속에는 프릭소스의 이야기가 스치고 지나갔다. 케이론이 자신에게 해 준 이야기를 떠올리며 그의 생각은 머나먼 코르키스로 향하고 있었다. 이 엄청난 모험을 너무나도 하고 싶은 나머지 이아손은 한순간도 주저하지 않았다.

엄숙한 맹세

이아손이 말했다.

"제가 당신의 입장이라면, 경쟁 상대가 나보다 더 능력 있는 자라는 것을 증명해 보였을 때에만 왕좌를 포기할 것 같습니다. 그리고 그런 이유로 나는 그에게 이 세상에서 가장 불가능한 임무를 내릴 것입니다. 나는 그에게 황금 양털을 가져와서 오르코메노스 위에 있는 라피스티움 산 꼭대기에 가져다 놓으라는 임무를 내릴 것입니다."

펠리아스의 얼굴은 기쁨으로 환해졌다.

그가 외쳤다.

"좋다! 그리고 여기 있는 자네들 모두가 증인일세. 만약 이아손이 스스로 제시한 이 임무를 성공하면 그때는 이올코스의 왕좌를 그에게 돌려주겠네."

펠리아스는 황금 양털이 탐나서 이렇게 선언했다기보다는 이 끔찍하게 어려운 임무를 수행하다가 이아손이 분명 목숨을 잃을 거라는 확신이 있었기 때문이었다.

하지만 이아손은 결코 혼자가 아니었다. 그의 친구와 친척들 중 가장 용감한 자들이 그와 목숨을 함께할 마음의 준비를 하고 있었다.

바로 그날, 그들은 함께 모여서 용감무쌍한 임무를 위한 계획을 세우기 시작했다. 분명 이 일은 혼자서 감당할 수 없는 일이었다.

친구들이 말했다.

"우리 모두 자네와 함께할 걸세. 그리고 우리뿐만이 아닐 거야. 인류에게 부와 행복을 선사한다는 황금 양털을 가지러 떠난다는 사실이 알려지면 함께 가겠다는 이들은 분명 많을 걸세."

곧 이아손의 친구들은 그리스의 모든 도시와 마을을 돌아다니기 시작했다. 그들은 나팔을 불어서 사람들을 불러 모았고 온 힘을 다해 다음과 같이 외쳤다.

용기 있는 자는 나서라

"만약 그대가 용감하고 모험을 사랑한다면, 그대가 낯선 이들과 낯선 땅에 대해 알고 싶다면, 그대가 동료를 도와서 함께 영광을 누리고 싶다면, 우리와 함께 헬리오스의 아들 아이에테스가 다스리는 머나먼 땅, 코르키스로 갑시다. 신성한 임무가 우리를 부르고 있소이다. 프릭소스를 죽음으로부터 구하기 위해 그를 태우고 날아 아이에테스의 왕국으로 갔던 마법의 숫양 가죽인 황금 양털을 그리스로 다시 가져오는 것입니다. 그 양털에는 기적의 힘이 있다고 합니다. 인류에게 부와 행복을 주지요.

우리는 조국에서 가난과 불행을 추방하기 위해 모든 위험을 무릅쓰고 코르키스로 떠날 준비가 되어 있습니다. 우리의 지도자는 지혜로운 켄타우로스인 케이론의 수제자 이아손입니다. 헤라 여신도 그를 돕겠다고 약속하셨습니다. 위험을 두려워하지 않는 그대여, 우리와 함께 갑시다. 이 세상에 처음 보는 가장 멋지고 위대한 모험인 황금 양털을 찾는 모험에 동참합시다!"

모든 연설을 마치고 나면 그들은 또 다른 장소로 가서

처음부터 시작했다.

"만약 그대가 용감하고 모험을 사랑한다면……."

이아손의 친구들은 그리스 곳곳을 돌아다니면서 용감한 자들을 모으기 위해 계속 연설을 했다.

이렇게 해서 위대한 모험에 함께할 영웅 50명이 이올코스에 모였다. 가장 먼저 온 사람은 헤라클레스였다. 그는 자신의 생애에서 가장 비극적인 시기에 코르키스로의 모험에 동참하자는 부름을 받았다. 헤라가 그에게 광적인 발작을 일으키는 통에 그는 자신의 아이들이 용인 줄 알고 죽였던 것이다. 이는 그에게 너무나도 슬픈 충격이었다.

제정신이 돌아왔을 때에는 자신의 눈을 믿을 수가 없었다. 자신을 도저히 용서할 수가 없었다. 아무리 자신의 책임이 아니라고 해도 말이다. 절망에 빠진 헤라클레스는 빨리 죽음이 자신을 안식의 세계로 데려가기만을 기다리고 있었다. 그때 이아손이 도움을 필요로 한다는 소식을 들었고 그는 조금도 망설이지 않고 이올코스로 향했다. 그는 이 멋진 임무를 위해 목숨을 바칠 준비가 되어 있었다. 언제나 그와 함께하는 '힐라스'라는 젊은이도 동행했다.

다른 이들도 이올코스로 왔다. 아테네의 위대한 영웅인 테세우스, 제우스의 쌍둥이 아들인 카스토르와 폴리데우케스, 트로이에 처음 입성한 용감한 전사 텔라몬 같은 자들이었다.

어떤 무기나 질병에도 끄떡없는 멜리거, 아폴론과 레슬링을 한 이다스, 천하무적인 테티스 여신에게 도전장을 내밀었던 펠레우스도 있었다. 전차에 사자와 멧돼지를 멍에 씌워 끌게 한 아드메토스 왕자도 도착했다.

그리고 아주 특별한 재주를 가진 영웅들도 속속 도착했다. 신들보다 더 날카로운 눈을 가진 린케우스, 최고의 조타수인 티피스도 있었고, 의심이 가득한 청중들조차 설득할 수 있는 달변가이자 웅변가인 에키온도 있었다. 자신들의 아버지처럼 날개가 달려서 하늘을 날 수 있는 보레아스의 아들들인 제테스와 칼라이스도 있었다. 그리고 이 밖에 수많은 이들과 함께 세상에서 가장 위대한 가수인 오르페우스도 왔다.

아르고스

그러는 동안 이아손은 그들을 코르키스까지 태워다 줄 배를 찾아야만 했다. 이는 결코 쉬운 일이 아니었다. 이런 장시간의 항해는 있어 본 적이 없었을 뿐만 아니라 미지로의 여행은 더더욱 그러했다. 그들에게 필요한 배는 크고 강하고 사나운 폭풍우도 견딜 수 있어야 했다.

다행히 이 배를 만드는 데 총감독을 맡아 줄 사람이 있었다. 그 시대의 가장 위대한 목공인 아르고스였다. 펠리아스는 이 사실을 알고 매우 언짢았다. 그래서 아르고스를 궁으로 몰래 불러서 말했다.

"꿈속에 나의 아버지이신 포세이돈이 찾아오셔서 내게 이 배를 만들 때 못을 아껴 쓰도록 명하셨다. 만약 네가 포세이돈을 두려워한다면 그가 명한 대로 행할지어다."

아르고스가 대답했다.

"전 모든 신을 두려워한답니다. 따라서 복종할 것입니다."

하지만 그는 잔인한 왕이 거짓말한다는 것을 알았기 때문에 배를 만들 때 보통 때보다 두 배의 못을 쓰고 모든 기술을 동원하여 가장 강한 태풍도 이겨 낼 수 있는 배를 만들겠다고 결심했다.

작업은 이올코스 외곽의 작은 항구에서 시작되었다. 설계도를 손에 든 아르고스는 작업장을 바삐 돌아다니며 감독했다. 이 분야에서 최고의 장인들이 모여 그의 명령에 따라 움직이고 있었다. 그들은 지치지 않고 일했으며 최선을 다했다. 아르고스와 같은 기술자의 마음에 들기란 쉽지 않았지만 마침내 모두들 그렇게 하기에 이르렀다.

그 당시 사람들은 우호적인 경쟁 분위기에서 일했다. 따뜻한 칭찬 한 마디가 큰 보람이 되었다. 아르고스와 같은 최고의 목공으로부터 칭찬을 듣는다는 것은 결코 예삿일이 아니었다. 그래서 작업은 아주 빠르게 진행되어 나갔다. 잘 깎인 나뭇조각들로 정확하게 짜인 배는 물 한 방울도 새어 들어올 수 없도록 만들어졌다.

모든 요소 하나하나가 매우 중요했다. 틀만이 아니라 선창, 갑판, 돛대까지도 소홀히 해서는 안 되었다. 모든 것이 완벽해야 했다. 노는 튼튼하고 넓적해야 했으며 그들이 끼워질 구멍 역시 위치를 제대로 잡아야 했다.

그리고 노잡이들이 지치지 않도록 노 젓는 자리도 배치가 잘 되어야 했으며 돛은 크기도 알맞고 탄탄해야 했다.

장인들은 한 치의 오차도 없게 하려고 온 힘을 기울여 일했다.

이제 남은 작업은 배에 칠을 하는 것이었다. 마지막 작업까지 모두 끝내자, 세상에서 가장 아름답고 거대하고 빠르고 강한 배가 탄생했다.

위대한 목공인 아르고스와 최고 장인들의 작품인 이 배는 선원들을 머나먼 미지의 땅까지 데려다줄 수 있도록, 심지어 포세이돈의 분노에도 맞설 수 있도록 돌고래같이 늘씬하고 강하게 만들어져 있었다.

이아손과 동료들은 멋진 배를 감상하기 위해 항구로 내려왔다. 아르고스와 장인들도 햇살 속에서 빛나는 위대한 배를 자랑스럽게 바라보고 있었다.

모든 것이 준비되었고 그 어떤 것도 놓친 것은 없었다. 거대한 돛은 십자 대에 말려 있었고 키의 이중 손잡이는 배 뒤쪽에 자리 잡고 있었다.

배의 앞쪽에는 가장 소중한 물체가 있었다. 그것은 이아손의 보호자인 헤라 여신의 성상이었다. 금을 입힌 이 성상은 대담한 모험에의 성공을 확신시켜 주듯이 앞을 가리키고 있었다.

하지만 성상의 가장 위대한 가치는 나무로 만들어진 머리 부분에 있었다. 평범한 목재가 아니라 제우스의 성스러운 나무인 도도나에 있는 떡갈나무의 한 부분으로서, 인간에게 미래를 예견해 주는 능력이 있었다.

그리고 특별히 이 나무는 말을 할 수가 있었다. 그래서 위험한 시기가 오면 헤라는 영웅들이 해야 할 행동을 조언할 수 있게 된 것이었다.

아르고스가 말했다.

"신들이 인간에게 줄 수 있는 도움은 상상을 초월합니다. 물론 그들이 결심했을 때만 가능하지요. 헤라의 도움은 이미 알고 있는 것이며 아테나도 당신들과 함께할 것입니다. 매일 밤, 지혜의 여신인 아테나는 내 꿈속에 나타나서 이 배를 어떻게 하면 더 강하고 안전하게 만들 수 있는지에 대한 지혜를 주었답니다.

아테나는 장인에게 항상 도움을 주지만 또한 용감하고 두려움 없는 자들을 지키는 수호신이기도 하기 때문입니다. 당신들은 황금 양털을 가져오겠다고 마음먹었습니다.

정말 대단하고 원대한 목표입니다. 그리고 우리는 당신들의 그런 용기를 존경합니다. 당신들에게는 이 세상에서 한 번도 본 적이 없는 멋진 배가 있습니다. 용감하게 길을 떠나십시오. 당신들이 성공하고 돌아오는 그날, 진정 우리 장인들의 땀과 노력에 대한 보상이 주어질 것입니다."

이아손이 대답했다.

"당신의 말이 우리에게 진정 믿음과 용기를 줍니다. 우리는 처음부터 성공하기를 희망해 왔습니다. 하지만 이제는 성공을 확신합니다. 이제 배가 준비된 지금, 한 가지가 더 남았습니다. 그것은 이 배에 이름을 지어 주는 것입니다. 제 생각에는 오직 하나의 이름만이 어울립니다."

누군가가 소리쳤다.

"아르고!"

또 다른 사람이 외쳤다.

"아르고!"

그들 모두 함께 소리쳤다.

"아르고!"

이아손은 아르고스의 팔을 잡고 그를 포옹하면서 덧붙

였다.

"우리는 아르고선의 대원이 될 것입니다."

아르고선을 물에 띄우다

영웅들이 자신에게 존경의 표시를 하자 감동한 아르고스는 이렇게 말했다.

"이제 마지막 남은 한 가지는 아르고선을 바다에 띄우는 것입니다."

그러고는 망치를 들면서 모든 장인에게 자기와 같이 할 것을 명령했다. 장인들은 각자 배를 지탱하고 있는 지지대에 자리를 잡았다.

"옆에서 배를 흔들리지 않게 잡아 주십시오."

아르고스는 아르고선의 대원들에게 말했다. 그는 모두 자기 자리에 있는 것을 확인한 뒤, 망치를 든 팔을 높이 쳐들고는 외쳤다.

"준비!"

그리고 잠시 뒤에 다시 한번 외쳤다.

"셋!"

'셋'이라는 말과 함께 장인들은 동시에 지지대를 망치로 쳤다. 지지대가 풀려나면서 배를 지탱하던 것들이 바닥으로 떨어져 나갔다. 아르고선은 자유의 몸이 되었다.

이아손은 코르키스까지 데려다줄 배가 용골 아래의 둥그런 기둥을 따라 물속으로 천천히 들어가는 것을 보면서 외쳤다.

"황금 양털을 위하여!"

영웅들이 아르고선을 굵은 밧줄로 묶었다. 아르고선은 푸른 바닷물에 자랑스럽게 떠 있었다. 이제 아르고선은 위대한 모험을 하기 위해 영웅들이 타기만을 기다리고 있었다. 더 이상 지체할 시간이 없었다. 영웅들은 아이손의 집에 모여서 새벽에 출발하기로 결정했다.

이아손이 마지막으로 의견을 말했다.

"내가 펠리아스에게 황금 양털을 가져오겠다고 약속했을 때 우리가 얼마나 많은 끔찍한 위험에 부닥치게 될지 알고 있었습니다. 이 일을 해내기 위해서는 용감하고 성실한 동료가 필요합니다. 함께 가겠다고 나선 여러분들은 모두 그 이상입니다. 먼저 아르고스는 우리의 임무를 성공시킬 수 있는 배를 만들겠다고 제안했습니다. 그리고 영웅 중의 영웅인 헤라클레스 당신이 먼저 나섰습니다.

내일 우리의 엄청난 모험이 시작됩니다. 우리는 길고도 위험한 항해를 해야 합니다. 왜냐하면 세상 끝까지 가야 하기 때문이며 또 거기에 어떻게 가야 하는지도 모르기 때문입니다. 우리의 임무는 황금 양털을 가져오는 것입니다. 하지만 어떻게 그 일을 해낼 것인지는 아무도 모릅니다. 그리고 마지막으로 돌아오는 여정이 남아 있습니다. 그때 우리를 쫓을 적이 있을 것입니다. 그리고 그 외에도 어떤 위험이 따를지 또 어떻게 그런 위험에서 도망칠 수 있을지 아무도 모릅니다. 그런데도 자신의 목숨을 걸고 여기 모인 용감한 친구들이 있기에 성공할 수 있으리라 생각합니다.

하지만 이 성공은 우리가 한마음 한 몸이 되어 함께 일하지 않는 한 이뤄지지 않을 것입니다. 그러기 위해서는 지혜로우면서도 용감한 지도자가 우리의 모험을 처음부터 끝까지 이끌어 주어야 합니다. 여기 있는 여러분 모두에게 그런 자질이 있다는 것은 제가 말하지 않아도 아실 것입니다.

하지만 우리 모두의 지성과 용기와 힘을 능가하는 사람이 딱 한 명 있다고 생각합니다. 그 사람은 바로 헤라클레스입니다. 저는 그를 우리의 지도자로서, 우리 모두가 복종할 자로서 제안하는 바입니다."

하지만 위대한 영웅 헤라클레스는 거절했다.

"맨 처음부터 우리의 지도자는 이아손이었습니다. 그리고 계속 그렇게 가야 합니다. 저는 단 한순간도 제가 그보다 낫다고 생각해 본 적이 없습니다. 게다가 이 생각도 그가 해냈고 펠리아스에게 양털을 약속한 것도 그였고 또 우리가 도와주러 온 사람도 그였으니 이제 우리는 그에게 복종해야 합니다.

우리는 단지 자신의 이익을 위해 모인 게 아닙니다. 우리는 좀 더 강한, 아니 정말 엄청나게 강한 그 무언가에 이끌려 모인 사람들입니다. 진정한 우정과 가치 있는 목적, 이 두 가지가 바로 그것입니다. 거기에 덧붙여서 우리 아이들과 후손에게 전해 줄 수 있는 부와 행복이 그 목적입니다."

이렇게 해서 이아손은 아르고선의 지도자가 되었다.

이아손이 말했다.

"아직 해가 있을 때 물건들을 배에 실읍시다. 우리는 바닷가에서 자고 동이 트자마자 돛을 올리고 떠날 것입니다."

그들은 이아손 아버지의 집에 모아 둔 물건들을 배에 모두 싣고 바닷가로 출발했다.

항해가 시작되다

아침 일찍 해가 막 뜨기도 전에 아르고선의 대원들은 중얼거리는 목소리에 깨었다. 영웅들이 자고 있는 곳에서 조금 떨어진 곳에는 황금 양털을 찾아 떠나는 이들에게 작별 인사를 하려고 모여든 사람들이 서 있었다.

아르고선의 대원들은 일어나서 떠날 채비를 했다. 동이 트기 시작하자 한 명씩 차례로 배 위로 올라탔다. 구경꾼들은 존경스러운 눈빛으로 그들을 바라보았다. 영웅들이 이렇게 많이 모인 적은 단 한 번도 없었다. 한 사람씩 배 위를 걸어가자 주위에서는 중얼중얼 거리는 속삭임이 끊이지 않았다.

"미노타우로스를 죽였다는 테세우스야!"

"맙소사! 헤라클레스잖아!"

"아름다운 마르페사를 얻기 위해 아폴론과 싸웠다는 이다스야!"

"저기 봐, 세상에서 가장 말을 잘 다룬다는 카스토르야!"

"최고의 권투 선수인 그의 형제 폴리데우케스야!"

"저 사람은 최고의 레슬링 선수인, 아이아코스의 아들 펠레우스야!"

"그런데 저들은 뭐지? 날개 달린 이들이 두 명 있어!"

"그들은 북풍을 몰고 오는 보레아스 신의 아들들이야!"

"그리고 저기 린케우스가 있어. 칠흑 같은 어둠도, 장벽 같은 안개도 뚫고 볼 수 있대. 아니 어떤 이들은 그가 구름과 산을 뚫고도 볼 수 있다고 하더라구!"

"유명한 의사이자 예언가인 멜람푸스야!"

"다른 위대한 치료자인 몹소스도 있네!"

"저 사람은 멜리거야!"

"그리고 헬리오스의 아들인 아우게이아스야!"

"와, 텔라몬이네!"

"저기 말로 적을 이길 수 있다는 최고의 달변가, 에키온이 오고 있어!"

"이타케의 라에르테스야!"

"저기 페이리토오스와 폴리페모스도 있네!"

"그리고 티피스와 에우페모스야!"

"저기 리라를 들고 있는 게 누구지? 오르페우스인가?"

"정말야, 세상에서 가장 훌륭한 가수인 오르페우스야. 그의 무기는 리라지. 그걸로 카론도 무너뜨렸대!"

마지막으로 이아손만이 해변가에 남았다. 모두들 그와 악수를 하고 싶었지만 그의 부모님을 위해 길을 만들어 주었다. 아이손은 늙은 팔로 아들을 꼭 껴안았다. 어머니는 눈물을 흘리면서 아들을 껴안았고 이아손의 눈물은 그녀의 볼 위에서 어머니의 눈물과 하나가 되었다.

이 작별의 장면에서 오직 한 사람만이 보이지 않았다. 그것은 궁궐에 남아서, 많은 영웅들이 이아손을 돕고 있는 데 대해 분통을 터뜨리고 있는 펠리아스였다.

그가 중얼거렸다.

"하지만 더 잘된 일일 수도 있어. 모두들 나를 증오하니가서 다 죽으라지, 뭐."

이아손이 막 배에 타려고 할 때, 펠리아스의 아들인 아카스토스가 달려왔다. 그렇게 많은 영웅이 코르키스로 가는 것을 보고 자신도 거기에 끼고 싶었다.

그는 마지막 순간까지 망설이다가 아르고스가 펠리아스의 명을 어기고 배를 짓는 데 못을 충분히 썼다는 말을 듣고서야 떠날 결심을 했다.

아카스토스가 이아손에게 말했다.

"나도 위험을 함께하고 싶어. 내 아버지는 자신이 얼마나 부끄러운 짓을 했는지 깨달아야만 해."

이아손은 두 팔을 벌려 아카스토스를 맞았고 그들은 어깨동무를 한 채 함께 배에 탔다. 보고 있던 사람들은 모두 환호성을 질렀다.

드디어 떠날 시간이 되자 신들에게 제를 올렸다. 이아손이 직접 이 의식을 치르면서 붉은 포도주를 바다에 뿌렸다.

그들 모두 외쳤다.

"코르키스를 위하여! 황금 양털을 위하여!"

영웅들은 모두 노 앞에 앉았다. 조타수인 티피스는 배 뒤쪽에 자리를 잡았고 날카로운 눈의 린케우스는 뱃머리에 자리를 잡았다.

이아손은 밧줄을 풀라는 명령을 내렸다.

구경꾼들은 모두 한목소리로 외쳤다.

"항해 잘 하고 무사히 돌아오세요!"

"그리고 황금 양털도 가져오세요!"

영웅들이 노를 젓자 바닷물에 거품이 일었다. 드디어 미지 세계로의 위대한 모험이 시작되었다.

아르고선의 대원들은 배를 해안으로부터 안전하게 저어 나온 뒤 거대한 돛을 펼쳤다. 돛은 곧 바람을 받아서 둥그렇게 펼쳐졌으며 배는 속도를 냈다. 대원들은 노를 세워 놓고 갑판 위로 올라왔다. 이 당당한 광경에 감동한 바닷가의 군중들은 손과 손수건을 흔들며 용감한 모험가들에게 마지막 작별 인사를 했다. 해가 떠올라 바다를 붉게 물들였다. 오르페우스는 리라의 줄을 힘차게 튕겼고 곧 그의 낭랑한 노랫소리가 울려 퍼졌다.

오르페우스의 노래를 듣는 이들은 기쁨의 전율을 느꼈다. 그 어떤 이도 이런 목소리를 들어 본 적이 없었고 그 어떤 손가락도 리라로 이런 선율을 만들어 낼 수는 없었다. 영웅들은 한 명씩 빠져들어 함께 노래했다.

오르페우스의 낭랑한 목소리는 그들의 목소리 위로 맑게 울려 퍼졌다. 영웅들의 합창 소리는 바다 저 멀리까지 울려 퍼졌다. 오르페우스는 영웅들에게 사명감을 확실하게 심어 주었다.

우리는 미지의 세계로 떠난다네.
미지의 길을 따라서.
신들은 우리의 운명을 알고 있다네.
하지만 우리는 용감하게 믿음을 갖고 나아갈 뿐.
우리의 심장은 타오른다네.
우리의 영광스러운 꿈이 그 불을 지핀다네.
우리는 황금 양털을 가져올 것이라네.
우리는 그리스로 그 아름다움을 가져올 것이라네!

바닷가의 구경꾼들은 오랫동안 자리를 뜰 수 없었다. 이런 광경은 천 년에 한 번 올까 말까 했다. 아이손과 그의 부인은 비록 작별의 순간이기는 했지만, 그들의 인생에서 가장 멋진 순간을 경험하고 있었다.

배는 빠르게 움직였다. 아르고선 대원들의 모습은 점점 작아졌다. 아르고선이 동쪽으로 움직이고 있는 동안 해는 천천히 머리 위로 솟았다. 곧 노랫소리는 더 이상 들리지 않았다. 이제 용감한 모험가들은 저 멀리 수평선에서 가물거렸다.

해는 하늘 저 높이 떠 있었다. 드디어 아르고선은 점이 되었고 천천히 물결 속으로 사라졌다. 하지만 아이손은 바다에서 눈을 뗄 수가 없었다.

아이손이 말했다.

"이제 언제나 내 아들을 다시 볼 수 있을까? 그들 앞에는 과연 어떤 일들이 기다리고 있을까? 황금 양털을 그리스로 가져오는 데 성공할까? 결과야 어떻든 간에 이런 신성한 목적은 정말 위험을 감수할 만한 일이지. 난 마음을 단단히 먹고 기다릴 거야."

그는 아내의 창백한 볼에 흐르는 눈물을 닦아 주면서 이렇게 덧붙였다.

"우리가 할 일은 그거라오."

그리고 부인의 팔을 잡고 천천히 초라한 집으로 돌아갔다.

코르키스로의 항해

렘노스의 여자들

 바다로 나간 이들은 일단 동쪽으로 배를 향했다. 코르키스가 어디에 있는지 정확히 알지 못했지만 케이론이 언젠가 바다를 세 개 지나서 해가 뜨는 곳, 또 프로메테우스가 거품 이는 바다의 바위 위에 못 박혀 있는 곳에 있다고 말한 적이 있었다.

 그 머나먼 바다에 대해서는 너무나 끔찍한 소문이 많았다. 만약 이 소문들을 모두 믿는다면 누구도 항해에 나서지 않았을 것이다. 하지만 아르고선 대원들은 위험을 비웃었다. 모든 어려움을 극복할 거라는 자신감에, 또 신들이 자신들을 도와줄 거라는 희망에 위안을 받으며 용감하게 앞으로 나아갔다.

기나긴 항해에 지친 그들은 렘노스섬에 배를 정박하기로 했다. 그들은 휴식이 필요했고 또 물과 식량을 구해야만 다시 배를 저어 갈 힘을 얻을 수 있었기 때문이었다.

그렇지만 렘노스섬에서는 코르키스로의 모험을 단번에 포기하게 할 만큼 커다란 유혹이 그들을 기다리고 있었다.

그 당시 렘노스에는 여자들만 살고 있었다. 그 섬의 남자들이 여자들을 너무나 잔인하게 대했기 때문에 더 이상 참지 못한 여자들이 남자들을 공격했다. 치열한 전투가 있은 뒤에 남자들은 모두 섬에서 쫓겨났다. 렘노스섬에서 남자들이 떠나자 그 섬을 빼앗을 수 있는 좋은 기회로 보고 쳐들어온 사람들도 있었다.

하지만 용감한 렘노스섬의 여자들은 그들을 모두 물리쳤다. 분노한 렘노스섬의 여자들은 다시는 남자를 섬에 들어오지 못하게 하자고 결의했다.

많은 남자들이 타고 있는 배가 섬으로 들어오는 것을

보자 렘노스섬의 여자들은 바로 무기를 갖추었다. 그리고 그들의 여왕인 힙시필레와 함께 바닷가로 내려와서 전투 준비를 했다.

이아손은 무장한 여자들을 보고는 에키온을 불러서 말했다.

"저 여자들은 전쟁을 하려는 것 같소. 오직 당신만이 그들이 무기를 내려놓을 수 있도록 설득할 수 있소. 우리는 싸우러 온 게 아니오. 더더욱 여자하고는 싸울 마음이 없소. 그들에게 우리가 어디로 가고 있는지 설명하고 우리가 원하는 것은 약간의 물과 음식과 휴식이라는 것을 이해시켜 주기 바라오."

에키온은 아버지인 헤르메스로부터 유창한 말솜씨와 많은 꾀를 배운 자였다. 그는 너무나 설득력이 강해서 무슨 말이든지 믿게 만드는 재주가 있었다.

에키온은 뱃머리로 나섰다. 하지만 입을 채 열기도 전에 그는 여자들로부터 야유와 조롱을 들었다. 에키온은 자신을 신만큼이나 멋지게 보이게 하는 친근한 미소를 띠고는 그들이 조용해지기를 기다렸다가 말했다.

"제 이야기를 들어 주시기 바랍니다……."
하지만 또다시 여자들은 무기를 휘두르며 소리쳤다.
에키온은 인내심을 가지고 기다렸다. 이러기를 대여섯

차례가 되어서야 여자들은 지쳤는지 아니면 이 인내심 많은 이방인이 뭐라고 할지가 궁금했는지 조용해졌다.

에키온은 다시 입을 열었다.

"만약 우리가 원하는 게 무엇인지 안다면, 우리를 좀 더 친절하게 맞아 주실 거라고 확신합니다. 제발 제 말을 들어 보시기 바랍니다."

당황한 그들은 힙시필레 여왕을 바라보며 눈치를 살폈다. 그러자 힙시필레가 외쳤다.

"할 말이 있으면 어서 하고 썩 꺼져라! 당신들은 이 땅을 밟을 수 없으니 시간 낭비하지 말기 바란다!"

하지만 이 허락만으로 에키온은 충분했다. 그는 천천히 아주 설득력 있는 목소리로 말을 하기 시작했다. 그는 전혀 어렵지 않게 여자들의 경계심을 풀 수 있었고 머지않아 여자들은 숨도 쉬지 않고 그의 말 한마디 한마디에 귀 기울이고 있었다.

에키온은 여자들에게 자신들이 어디서 왔는지, 어디로 가고 있는지 그리고 목표가 무엇인지를 설명했다. 그는 항해 앞에 놓인 상상을 초월하는 방해물에 대해 예를 들어 가며 설명했다. 또한 자신들 모두가 이 위험을 극복할 굳은 의지가 있고 필요하다면 죽음마저도 기꺼이 맞을 준비가 되어 있다고 말했다.

"우리는 나쁜 뜻이 전혀 없습니다. 만약 그랬다면 벌써 배에서 내려 쳐들어갔을 것입니다."

에키온은 이렇게 말을 맺었다.

이미 여자들의 분노는 온데간데없이 사라졌고 에키온에게 마음이 빼앗겼다.

한 명이 중얼거렸다.

"아폴론 신 같아!"

다른 여자가 말했다.

"그리고 헤르메스 신처럼 말을 잘 하셔!"

세 번째 여자가 말했다.

"그의 입에서는 마치 꿀이 흐르는 것 같아!"

많은 이들이 말했다.

"그리고 말야, 저들 모두가 진정한 영웅이나 신처럼 보이지 않니!"

에키온은 마지막으로 한 마디를 덧붙였다.

"아직도 우리를 받아들이기를 원치 않으시고 경계하신다면 떠나겠습니다. 여러분의 망설임을 충분히 이해하며 여러분에게 결코 섭섭한 마음은 없습니다. 근처에 우리를 환영해 줄 다른 섬이 분명 있을 것입니다."

에키온의 이 마지막 말은 여자들의 마음을 완전히 녹였다. 가장 의심이 많은 여인까지도 이 이방인을 따뜻하게 맞이해야겠다고 생각하게끔 만들었다.

그러나 그들 중에 에키온의 멋진 연설을 듣고도 전혀 감동받지 않은 이가 한 명 있었다. 그녀는 청각 장애인이었던 것이다.

그녀가 비명을 질렀다.

"도대체 뭘 하려는 거야? 분명 이들은 우리 남편들의 부탁을 받고 이곳까지 온 트라키아의 해적이 분명하단 말이야! 우리 섬에 발을 들여놓게 했다가는 우리는 끝장나고 말 거야!"

힙시필레의 유모였던 지혜롭고 나이 많은 폴릭소가 소리쳤다.

"그녀 말에 신경 쓰지 마세요. 우리는 저들을 도시로 초

대해서 환영 파티를 열어 줘야 해요."

힙시필레는 여왕으로서의 의무가 얼마나 막중한지를 알았기에 에키온의 매력에 쉽게 넘어가서는 안 된다고 느꼈다. 힙시필레는 여자들을 옆으로 불러 모아 말했다.

"아주 공손하게 말하고는 있지만 그들을 너무 믿어서는 안 될 것 같아요. 말은 종종 믿을 게 못 되니까요. 그래서 나는 우리가 가장 좋은 포도주와 충분한 양의 음식과 물을 이리로 가져오는 것을 제안합니다. 우리는 이방인들에게 그것을 선물로 주고서는 어서 떠나라고 부탁하는 것입니다. 그것이야말로 우리가 취할 수 있는 가장 현명한 행동인 것 같습니다. 만약 안 그랬다가는 언젠가 후회할 날이 올지도 모르니까요. 저들을 도시로 들여서는 안 됩니다."

다른 여자들은 힙시필레가 신중하고 또 멀리 내다볼 줄 안다고 동의했다. 하지만 폴릭소는 전혀 다른 의견이었다.

"마마, 저는 마마에게 우유만 드린 게 아니라 도움말도 많이 해 드리면서 보살폈습니다. 마마는 어렸을 적에는 항상 제 말을 들으셨습니다. 그리고 이제는 여왕이 되셨지만 아직도 제게 의견을 묻곤 하십니다. 그것은 제 생각이 항상 옳다고 생각하시기 때문입니다.

이번에도 제 말에 귀를 기울여 주세요. 비록 늙고 힘도 없지만 세월은 내게 옳은 것과 옳지 않은 것을 구분하는 법을 알려 주었습니다. 그리고 이 사내들을 들어오지 못하게 한다면 후회하게 될 것입니다. 왜냐하면 이들은 신들이 우리에게 보내셨는지도 모르기 때문입니다. 우리는 그들을 환영하는 것은 물론이고 그들을 계속 여기에 머물도록 해야 할 것입니다. 만약 사내가 없다면 아이를 낳을 수 없게 되고 그렇게 되면 우리 종족은 곧 멸망합니다.

어떻게 저렇게 멋진 사내들을 눈앞에 두고서 그들이 떠나기를 바랄 수 있습니까? 그들은 우리가 전에 알았던 그런 사내들과는 전혀 다르다는 것을 아직도 모르시겠습니까? 그들을 머물도록 하십시오. 우리 도시로 들어와서 손님이 아닌 그대들의 남편으로 맞아서 그대들을 사랑으로 보호해 주기를, 또 우리 섬에 부와 행복을 가져다주도록 부탁하셔야 합니다."

폴릭소의 지혜로운 말은 그들의 귀에 쏙쏙 들어왔다. 힙시필레는 배가 있는 곳으로 걸어가서 다음과 같이 말했다.

"배를 정박하고 우리 도시로 들어오는 것을 허락하겠습니다. 우리는 그대들을 기쁘게 맞이하고 또 남자를 다시 우리 섬에 들이도록 한 것을 축하하는 기념에서 축제를 열 것입니다."

아르고선의 대원들은 기쁜 마음으로 착륙했으며 여자들과 함께 도시로 들어갔다. 헤라클레스만 아르고선에 남아 있었다. 아직도 잊히지 않는 아이들의 죽음으로 인한 슬픔과 자신이 저지른 끔찍한 일을 반성하고 있던 그는 동료들이 렘노스 여자들과 함께 즐기고 있는 틈에 끼려고 하지 않았다.

한편 영웅들은 힙시필레의 궁전에서 환영을 받았으며 영원히 끝날 것 같지 않은 잔치가 날마다 벌어졌다. 영웅들은 밤낮없이 렘노스 여자들과 즐겼으며, 기대하지도 않았던 환대에 들떠서 아르고선으로 돌아가고 싶은 생각이 전혀 없었다. 게다가 그들이 떠나고 싶어 하더라도 여자들이 허락하지 않을 것 같았다.

이아손과 사랑에 푹 빠진 힙시필레는 대원들에게 말했다.

"처음에는 그대들을 육지로 들이고 싶은 마음이 없었어요. 하지만 이제는 그대들이 가지 않았으면 해요. 그대들을 안 지 며칠 안 되지만 우리는 여러분을 사랑하게 되었답니다. 우리는 여러분이 우리 섬에 영원히 머물면서 함께 가정을 꾸렸으면 좋겠어요.

게다가 저희는 여러분이 힘과 기술이 뛰어난 자들의 보호가 필요하답니다. 우리 주변에는 강력한 적이 많거든요. 마지막으로 이 말을 하고 싶습니다. 우리를 정직하고 솔직하게 대해 주는 남자들이 있다면 우리는 분명 그 대가로 그들을 열 배 이상으로 잘 대해 줄 것입니다."

물론 아르고선의 대원들은 렘노스에 영원히 머물겠다고 말하는 것을 피했다. 하지만 한편으로는 그곳에서의 생활이 너무 좋았기 때문에 싫다고도 딱 부러지게 말하지도 않았다.

그렇게 하루 하루가 지나갔고 아무도 다시 배로 돌아갈

생각이 없었다. 황금 양털에 대한 생각은 온데간데없었다. 그들은 노를 젓는 일에 짜증이 났고 어떤 위험이 도사리고 있을지 모르는 미지 세계로의 항해에 싫증이 난 것

처럼 보였다.

그렇다면 그들의 임무는 여기에서 이렇게 잊히는 것일까? 그들의 뜨거운 열정은 첫걸음부터 맥없이 사그라들어야 한단 말인가? 그들이 누구인지 또 무엇을 위해 떠나왔는지를 떠올려 줄 사람은 아무도 없단 말인가?

다행히 그런 사람이 한 명 있었으니 배에서 이들이 오기를 기다리던 헤라클레스였다. 드디어 그의 인내심은 다했고 참다못한 그는 단숨에 육지로 내려와서 도시로 달려들어갔다.

아르고선 대원들이 힙시필레의 궁전에서 먹고 마시면서 신나게 즐기고 있을 때, 헤라클레스가 천둥 번개처럼 문을 쾅 열어젖히고 들어섰다!

순간 고요가 흘렀다. 헤라클레스는 창피해서 고개를 숙이고 있는 동료들을 어이없다는 듯이 내려다보았다. 그의 분노는 폭발했다.

헤라클레스가 소리쳤다.

"정말 창피하군! 자네들도 창피하고 또 자네들과 함께 하겠다고 한 나 자신이 창피하오! 이것이 여러분의 목숨을 건 모험의 목표였소? 이것 때문에 여러분의 고향을, 아버지를, 부인과 자녀를 떠나왔단 말이오? 먼 훗날 사람들이 우리가 앞에 놓인 어려움과 위험을 이 안락함과 쓸데기 없는 쾌락과 맞바꿨다는 것을 알면 뭐라고 할까요.

이아손, 세상의 그 누구도 시작해 보지 않은 불가능하고 고귀한 일을 하겠다고 약속했던 자네를 보고 사람들은 뭐라고 할까. 테세우스, 미노타우로스를 죽이고 아테네의 아이들을 구하기 위해 목숨을 아끼지 않았던 자네를 보고는 또 뭐라고 할까. 신과의 싸움을 마다하지 않았던 이다스 자네는. 이런 영광의 업적이 있는 자네들에게 과연 뭐라고 할까. 내가 말해 주지. 자네들 모두 실수로 영웅이 되었다고 할 걸세. 그들은 자네들을 보잘것없이 여기며 우습게 생각할 걸세!"

이아손이 용맹한 목소리로 말했다.

"헤라클레스, 됐네. 차라리 우리를 죽이려면 죽이지, 더 이상 모욕을 주지는 말게. 자, 여러분, 어서 아르고선으로 돌아갑시다. 어서 일어나시오. 황금 양털이 우리를 기다리고 있소!"

전체 대원들은 잔칫상을 밀치고 벌떡 일어나서 밖으로 뛰어나갔다. 놀란 여자들은 어떻게 갑자기 모든 것이 그렇게 바뀔 수가 있는지 이해하지 못했다. 눈물로 범벅이 된 얼굴로 가지 말라고 그들을 붙잡았다.

힙시필레는 이아손에게 렘노스에 머물면서 왕이 되어주기를 간청했다. 하지만 소용이 없었다. 영웅들은 모든 간청에 귀를 막고는 필요한 물건조차 챙기지 못하고 배로 향했다. 몇몇 여자들이 음식과 물을 가져오지 않았다면 아무런 준비 없이 떠났을 것이다.

그들은 재빨리 배에 올라타고 밧줄을 풀었다. 티피스는 조타석에 자리를 잡았고 다른 이들은 노 앞에 자리를 잡았다. 그리고 아르고선은 여자들의 울음소리를 뒤로 하고 항구를 빠져나갔다.

렘노스섬의 여자들이 그처럼 우는 것은 그들과는 짧은 만남으로 인해 이제 그들은 아버지를 영원히 보지 못할 아이들을 낳을 것이기 때문이었다. 이제 모든 것은 끝났고 배는 렘노스로부터 빠르게 멀어지고 있었다.

헬레스폰토스를 향해

며칠의 항해 끝에 대원들은 헬레스폰토스 해협 가까이에 이르렀음을 알았다. 이아손은 해협을 지나기 전에, 근처 섬인 임브로스에 들러서 헬레스폰토스에는 어떤 위험이 있는지 미리 알아보는 게 좋겠다고 결정했다.

그것은 아주 좋은 결정이었음이 드러났다. 왜냐하면 트로이의 라오메돈 왕이 그 어떤 외부의 배도 헬레스폰토스 해협을 지나가지 못하게 막고 있다는 이야기를 들었기 때문이었다.

이아손이 동료들에게 말했다.

"싸울 준비를 해야 될 것 같소."

그 섬의 노인이 말했다.

"전혀 승산이 없는 전쟁이오. 라오메돈 왕의 모든 배가 그 해협을 지키고 있소이다. 그곳을 뚫고 지나갈 수는 없소."

여기서 린케우스는 대장보다 더 결단력이 있음을 증명했다. 그가 말했다.

"아주 간단합니다. 우리는 오늘 밤에 그곳을 지나갈 것입니다. 그믐밤이며 또 구름이 잔뜩 끼었습니다. 그 어둠을 이용하면 우리는 그들이 눈치채지 못하게 지나갈 수 있을 것입니다."

노인이 반박했다.

"하지만 아무것도 안 보이는데 어떻게 길을 찾지요? 게다가 그 통로는 너무 좁아서 설사 보인다 해도 동트기 전에 빠져나가기는 불가능할 것이오. 칠흑 같은 어둠 속에서 너무 빨리 노를 젓다가는 배가 암초에 부딪치고 말 것이오."

하지만 린케우스는 절대로 그런 위험이 없다는 것을 알았다.

"우리는 분명 암초들을 피해 갈 것입니다."

린케우스는 이아손에게 의미심장한 눈길을 주면서 노인에게 대답했다. 이아손은 한밤중에 헬레스폰토스 해협을 건너기로 결정했다.

헤라클레스가 말했다.

"그렇지만 여전히 위험은 있소. 우리는 동이 트기 전에 그 해협을 지나야만 합니다. 우리는 그렇게 할 수 있을 것입니다, 그렇죠?"

대원들은 갈망하는 눈빛으로 동료들을 쳐다보며 말했다.

"물론입니다!"

대원들은 동시에 대답했다.

대원들은 길을 떠났다. 그들이 해협에 다다랐을 때는 이미 밤이었다. 그들 앞에는 아무것도 보이지 않았다. 입구가 어디인지조차 보이지 않았지만 린케우스의 눈에는 아주 잘 보였다.

린케우스는 이아손의 명령을 기다리지 않고 티피스 옆으로 가서 자리를 잡고는 외쳤다.

"있는 힘껏 노를 저으면 우리는 해낼 수 있습니다! 앞에 어떤 장애물도 없습니다!"

"우리는 해낼 것이오!"

헤라클레스가 자신의 노에 엄청난 힘을 실으면서 외쳤다. 모두 그를 따라 했다. 곧 아르고선은 빠른 속도로 물살을 가르며 나갔고 린케우스는 검은 어둠 속에서 티피스에게 길을 알려 주었다.

얼마 뒤 린케우스가 소리쳤다.

"이제 해협에 들어왔습니다. 이제부터 우리는 라오메돈의 함대와 직면하게 될 것입니다. 하지만 그들의 눈에는 우리가 보이지 않습니다. 오로지 열심히 노를 저어 나가기만 하면 됩니다!"

아르고선은 좁은 해협을 번개처럼 빠르게 헤쳐 나갔다. 대원들은 있는 힘껏 노를 저었으며 린케우스의 날카로운 눈 덕분에 아르고선은 암초나 적의 배들과 부딪치지 않았다.

그들은 밤새도록 쉬지 않고 노를 저었다. 드디어 린케우스가 소리쳤다.

"해협의 끝이 보입니다!"

그들은 열광적인 환호와 샘솟는 힘으로 배를 다시 넓은 바다로 몰았다. 드디어 동이 텄을 때 그들은 해협으로부터 멀리 떨어져 있었고 그들 근처 어디에서도 적의 배를 찾아볼 수 없었다.

이렇게 해서 아르고선은 강력한 적의 함대가 지키고 있었는데도 헬레스폰토스 해협을 안전하게 지나갈 수 있었다. 이는 한밤중에도 모든 것을 볼 수 있는 스라소니와 같은 날카로운 눈을 가졌다는 뜻의 이름을 가진 린케우스 덕분에 가능했다.

대원들은 바람의 도움으로 계속 항해했다. 이제 그들은 세 개의 바다 중에 두 번째 바다에 들어온 것이었다. 지금 그들에게 가장 필요한 것은 편하게 쉴 수 있는 조용한 정박지였다.

키지코스

오른쪽으로 해안선이 보였고 그들 앞에는 바다에서부터 나온 것 같은 산 모양의 곶이 놓여 있었다. 육지로 연결된 바위가 주변에 둘러쳐진 천연 항구였다.

티피스가 말했다.

"저기에 닻을 내립시다. 산이 우리를 바람으로부터 막아 줄 것이고 아르고선에게도 안전한 은신처가 될 수 있을 것입니다."

그들은 모두 동의했다. 점점 다가갈수록 가까이에 도시가 있는 아늑한 항구의 모습이 드러났다.

그들은 배를 고정시켜 놓고 육지로 발을 내디뎠다. 거기에서 도리오니아 사람들로부터 따뜻한 환영을 받았다. 그들은 성실하고 마음씨 따뜻한 사람들이었다. 또 운 좋게도 바로 그날이 그들의 젊은 왕 키지코스가 결혼식을 하는 날이어서 커다란 축제가 열릴 예정이었다.

이방인들도 초대를 받았으며 키지코스는 이아손을 자신의 옆 좌석에 앉혔다. 이번에도 배에 남아 있기를 원한 헤라클레스를 제외하고 모든 아르고선 대원들이 참석했다.

키지코스가 말했다.

"아주 경사스러운 날에 오셨습니다. 그리고 어쩌면 여러분들은 우리의 생활이 언제나 오늘처럼 즐겁다고 생각하고 계실지도 모릅니다. 그럴 수도 있는 것이 우리의 땅은 비옥하고 우리는 성실한 사람들이기 때문이지요.

하지만 불행하게도 우리의 행복을 시기하는 강력한 적이 둘이나 있답니다. 저 산 위에는 아주 무시무시한 거인족이 살고 있습니다. 손이 여섯 개씩 달린 괴물들이 재미로 커다란 바위들을 굴려 내려보냅니다. 우리가 아무 해도 입히지 않는데 말입니다. 그리고 또 펠라스지안들은 우리를 공격해 와서 재물을 훔쳐 간답니다."

키지코스가 말을 다 끝내기도 전에 그가 설명했던 끔찍한 괴물이 도시가 내려다보이는 높은 바위산 위에 모습을 드러냈다. 그들은 아르고선을 보자마자 커다란 돌덩이를 던져 배를 가라앉히려고 했다.

하지만 배 위에 혼자 있던 헤라클레스가 배를 구했다. 그의 화살은 전부 명중했다. 괴물들 중 몇몇은 화살에 맞고 바다로 굴러떨어졌으며 나머지는 화살을 피해 안전한 곳으로 숨었다. 그러는 동안 대원들은 내륙 쪽에서 공격하기 시작했다. 그들은 괴물 몇을 죽였고 몇몇을 다시 바위산 꼭대기로 쫓아 버렸다. 쫓겨간 괴물들은 헤라클레스의 화살에 맞아 쓰러졌다.

결국 단 하나의 괴물도 대원들의 공격을 피하지 못했으며 도리오니아 사람들은 이 끔찍한 괴물들로부터 자신들을 구한 아르고선 대원들에게 뭐라고 감사해야 할지를 몰랐다.

그들이 떠날 시간이 되자 도리오니아 사람들이 너무나

많은 선물을 주는 바람에 실을 곳을 찾는 게 문제가 될 정도였다. 대원들은 답례로 자신들이 닻으로 쓰던 돌을 선물로 주었다. 물론 더 큰 돌을 닻으로 깎은 뒤에 말이다.

수 세기가 지나고, 도리오니아의 후손들은 지금도 유명한 아르고선 대원들이 그곳을 지나갔다는 징표로 방문객에게 이 닻을 보여 주고 있다.

아르고선은 친절한 도리오니아 사람들의 항구에서 빠져 나가자마자 심한 폭풍우에 휘말리게 되었다. 밤이 되자 상태가 더 나빠졌다. 배는 중심을 잃고 헤매 다녔다. 그러다가 결국 린케우스의 도움으로 티피스가 겨우 배를 안전한 물가로 몰고 와서 묶어 놓을 수 있었다.

하지만 그들은 밤새 곶 주위를 동그랗게 한 바퀴 돌아서 육지에 연결되어 있는 반대편 곶 쪽에 닻을 내린 것이었다. 제 자리를 빙빙 돈 셈이었다.

어둠 속에서 그들은 궁전을 알아보지 못했다. 린케우스조차 다른 대원들과 마찬가지로 자신들이 도리오니아 사람들로부터 아주 멀어졌다고 믿었다.

도리오니아 사람들 역시 아르고선 대원들이 다시 왔을

거라고는 상상하지 못한 채, 종종 밤에 펠라스지안들의 습격을 받았기 때문에 그들인 줄 알고 공격했다.

눈먼 전투가 벌어졌다. 비록 아르고선 대원들이 수적으로는 적었지만 어둡지만 않았다면 도리오니아 사람들에게 치명적인 피해를 입힐 수 있는 이들이었다.

이아손은 전차를 타고 있던, 대장으로 보이는 이를 죽였다. 싸움은 몇 시간 동안 계속되었다. 그러다가 동이 트기 시작했고 도리오니아 사람들 중 한 명이 갑자기 소리쳤다.

"모두 무기를 내려놓으세요. 지금 우리는 친구들과 싸우고 있습니다!"

전투는 바로 멎었다. 그리고 서로 싸우고 있던 이들이 누구인지를 알아보고는 너무나 놀랐다. 잠시 뒤 상황이 정리되자 절망의 신음 소리가 들려왔다.

그날 밤 전쟁의 유일한 사망자는 키지코스 왕이었기 때문이었다. 불과 몇 시간 전만 해도 자신의 인생에서 가장 행복한 날을 축하받고 있던 잘생기고 용감한 청년이었다.

아침이 되자 아르고선 대원과 도리오니아 사람들은 또

하나의 슬픔과 맞닥뜨려야 했다.

아름다운 클레이테 왕비는 남편인 키지코스가 싸늘하게 누워 있는 것을 보고는 그의 시체 위에 쓰러졌다. 클레

이테는 그 자리에서 다시 일어나지 못했다. 그녀는 남편의 허무한 죽음 앞에 너무나 큰 슬픔을 이기지 못한 채 그대로 죽었다. 어제의 행복한 신부와 신랑은 이제 함께 죽어 누워 있었고 전날의 기쁨은 비극과 애통으로 변했다.

키지코스와 클레이테는 도리오니아 사람들의 애도 속에서 묻혔고 아르고선 대원들은 말을 잃은 채 옆에 서 있었다. 다음 날, 아르고선 대원들은 죽은 이들의 장례식에 쓰일 사냥감을 가져왔다. 도리오니아 사람들은 이 영웅들을 존경했기 때문에 이번에 일어난 어처구니없는 일은 장례식과 함께 조용히 묻혔다.

노 젓기 대회

대원들은 무거운 마음으로 이제 '키지코스'라고 이름 붙여진 그 도시를 떠났다. 이아손은 죽은 이들을 기리는 마음에서 노 젓기 대회를 하자고 제안했다.

폴리데우케스가 반문했다.

"우리가 모두 한 배를 타고 있는데 어떻게 경주를 할 수 있는지 모르겠소."

헤라클레스가 말했다.

"방법이 있소이다. 우리 모두가 노를 저어 가장 오래 버티는 자가 승리자가 될 것이오. 우리는 왼쪽과 오른쪽으로 반반씩 팀을 나눠 노를 저을 것이오. 그리고 어느 쪽이 더 잘하는지를 결정할 위원회를 정합시다."

이렇게 해서 경주가 시작되었다. 오르페우스의 리라 소리에 맞춰 대원들은 노를 저었고 쏜살같이 배를 저어 갔다. 아주 오랫동안 배는 완벽하게 일직선으로 바다를 가르며 지나갔다. 이는 양 팀의 힘이 같다는 것을 뜻했다.

하지만 점차적으로 배가 한쪽으로 기우는 순간이 찾아왔다. 이는 한 팀이 다른 팀보다 힘이 세다는 것을 증명하는 현상이었다. 곧 심판들은 승자를 지명했고 승리한 팀에는 헤라클레스와 이아손이 포함되어 있었다.

헤라클레스가 말했다.

"이제 이긴 팀을 반으로 나눠서 경주를 계속할 것입니다."

심판들이 정했다.

"카스토르와 폴리데우케스가 합류하시오. 진 팀에서는

이들이 가장 힘이 세오."

 모두 심판의 말을 따랐으며 경주가 또다시 시작되었다. 그러다가 결국 두 쌍이 남을 때까지 경주가 계속되었다. 한쪽에서는 헤라클레스와 이아손이 노를 저었고 반대쪽에서는 카스토르와 폴리데우케스가 노를 저었다.

 두 형제는 아르고선을 일직선으로 가게 하려고 온 힘을 다했지만 그리 오래 유지하지 못했다. 카스토르의 힘이 거의 바닥났다는 게 눈에 보였다.

 하지만 그는 패배를 인정하고 싶지 않아 초인적인 노력으로 계속해서 힘차게 노를 저었다.

 그러나 배는 약간 일직선에서 벗어났다. 헤라클레스와 이아손에게는 아직도 더 많은 힘이 남아 있기 때문이었다. 동생이 힘에 부치는데도 계속 애쓰는 것을 본 폴리데우케스는 안타까웠다. 그래서 그는 더 이상 경주를 계속할 수 없다고 생각하고 손에서 힘을 뺐다. 배가 더 심하게 한쪽으로 기울어질 때 그는 노를 놓아 버렸다. 헤라클레스와 이아손과 견줄 수 없다는 것은 너무나 분명한 일이었다. 완전히 지쳐 버린 카스토르 역시 노를 놓아 버렸다.

카스토르는 폴리데우케스가 자신을 위해 경주를 포기했다는 것을 알았다.

'난 형을 위해서 저렇게 할 수 있을까?'

그는 자신에게 질문하며 창피함에 머리를 숙였다.

헤라클레스가 이기다

카스토르와 폴리데우케스 형제가 패배한 뒤, 이아손과 헤라클레스는 결승전에 들어갔다. 비록 둘밖에 남지 않았는데도 그들은 고집스럽게 아르고선의 노를 저어 바다를 가로질러 갔다. 그들은 땀을 뻘뻘 흘리면서 몸을 앞으로 숙였다가 뒤로 젖히며 노를 저었다. 헤라클레스에게는 아직도 힘이 남아 있는 게 뻔히 보였다.

하지만 이아손은 오로지 한 가지 생각으로 노를 젓고 있었다. 저 막강한 영웅을 이겨 보겠다는 의지 하나로 말이다. 몇 시간을 단둘이서 계속 노를 저었다. 이아손의 고집스러운 의지가 그에게 힘을 주었다.

이아손의 지구력에 모두들 감탄했다. 하지만 헤라클레스를 이기는 것은 불가능한 일이었다. 이아손도 예외는 아니었다. 너무나도 진이 빠진 나머지, 더 이상 지탱할 수 없게 된 이아손은 손에서 노를 놓았다.

헤라클레스가 고함쳤다.

"티피스! 키를 꽉 잡고 아르고선의 항로를 똑바로 유지하시오!"

그는 이렇게 말하고는 다 이긴 경주를 계속해서 유지했다. 이제 그는 지금보다 두 배 힘으로 아르고선을 움직여야 했다. 하지만 지칠 줄 모르는 영웅은 그런 힘을 내뿜었다. 노는 노받이에 쓸렸고 헤라클레스의 무시무시한 힘에 의해 활처럼 휘었다. 그렇게 해서 배는 계속 앞으로 움직였다.

하지만 모든 것에는 한계가 있는 법이었다. 그러나 한계에 이른 것은 헤라클레스가 아니라 갑자기 반으로 쪼개진 노였다. 헤라클레스는 자신의 손에 쥐어져 있는 손잡이를 못마땅하다는 듯이 쳐다보고는 바다로 휙 던져 버렸다.

헤라클레스가 소리쳤다.

"이아손! 어디 잠시 정박하고서 노를 새로 만들어야 할 것 같소."

이아손이 대답했다.

"물도 필요합니다. 우리 모두 땀을 너무 많이 흘려서 물통에 있는 물을 다 마셔 버렸소. 린케우스, 정박할 수 있는 적당한 곳을 찾아 주시오. 잠시 쉴 때가 된 것 같소이다."

힐라스

린케우스의 매와 같은 눈은 곧 물도 얻고 새 노를 만들 수 있는 나무도 얻을 수 있을 만한 바닷가를 찾았다. 티피스는 린케우스가 가리키는 쪽으로 배를 조종했다. 곧 대원들은 평화로운 작은 항구로 들어갔다. 그들은 마이시아의 해안가에 정박한 것이었다.

영웅들은 모래 바닥에 앉아서 식사를 하고 휴식을 취했다. 그런 뒤 헤라클레스가 자리에서 일어나더니 힐라스에게 말했다.

"물통을 가지고 어서 가자. 너는 물을 찾고 나는 나무를 찾아보겠다."

그들은 함께 출발했지만 곧 다른 길로 흩어져야 했다.

힐라스는 물을 찾기 위해 계곡으로 가야 했고 헤라클레스는 기슭으로 나무를 찾으러 가야 했기 때문이었다.

헤라클레스는 힐라스에게 일렀다.

"날 기다리지 말거라. 물통을 채우는 즉시 배가 있는 곳으로 돌아가라. 나는 새 노를 만들 나무를 찾기 위해 산 위로 올라가야 하기 때문에 너보다 더 오래 걸릴 거야."

헤라클레스는 자신의 목적에 딱 맞는 전나무를 찾기까지 꽤 높을 곳까지 올라가야 했다. 그는 곧 나무를 쓰러뜨렸고 가지를 다듬은 다음, 배가 있는 곳으로 가서 노로 만들기 위해 어깨에 멨다.

하지만 바닷가에서 도착해서 힐라스가 아직 돌아오지 않은 것을 알고는 깜짝 놀랐다. 시간이 지나도 그가 돌아오지 않자 걱정이 된 헤라클레스는 힐라스를 찾아 떠났다.

헤라클레스는 힐라스를 아들처럼 사랑했다. 그는 자식들을 잃은 뒤에 아버지를 잃은 힐라스를 돌보며 함께 살아온 것이다. 성격 좋고, 열성적이고, 잘생긴 힐라스는 대원들의 사랑을 받았다.

"힐라스를 찾으러 같이 가겠네."

테살리아의 영웅인 폴리페모스가 말했다. 두 사람은 걱정스러운 얼굴로 힐라스를 찾아 나섰다.

그들은 이곳저곳을 모두 찾아보았지만 힐라스는 그 어디에도 없었다. 그들은 깊숙한 계곡 안의 조용한 연못가에서 힐라스의 물통을 발견했다. 그러나 힐라스는 없었다.

"힐라스! 힐라스! 힐라스!"

그들은 외치기 시작했지만 메아리만 되돌아올 뿐 힐라스의 대답은 들리지 않았다.

그들은 오랫동안 찾아보았지만 모두 소용없는 일이었다. 힐라스는 아무도 찾을 수 없는 곳에 있었고 또한 그들의 부름에 답할 수 없는 곳에 있었기 때문이었다. 그렇다면 이 젊은이는 도대체 어디에 있는 것일까? 그에게 무슨 일이 일어난 것일까?

나쁜 일이 일어난 것은 아니었다. 힐라스는 전혀 뜻밖의 즐거운 모험에 빠지게 된 것뿐이었다.

계곡 안의 연못가에 도착한 힐라스는 그곳의 평화와 아

름다움에 너무나 매료된 나머지 빨리 물통을 채우고 떠나고 싶은 마음이 없었다. 그는 마법에 걸려서 고개를 숙이고 물속을 들여다보았다. 물은 깊고 수정처럼 맑았다. 물속 식물들이 보였고 바위와 동굴 그리고 색색의 물고기 등 호수와 강에서만 볼 수 있는 예쁜 것들을 볼 수 있었다.

그러나 바위에 붙어 있는 수초 뒤에 숨어서 그를 바라보고 있는 요정 드리오페를 눈치채지 못했다. 힐라스가 거기 앉아서 아름다운 것들에 정신을 빼앗기고 있을 때 드리오페 또한 그를 사랑의 눈빛으로 바라보고 있었다.

드리오페는 힐라스의 금발 머리와 푸른 눈, 잘생긴 입술과 유연한 몸매에 감탄했다. 그의 외모에 반한 드리오페는 사랑에 빠지고 말았다.

힐라스는 물을 마시기 위해 몸을 구부렸다. 목이 말라서라기보다는 자신의 주위를 감싸고 있는 신선함을 만끽하고 싶어서였다. 호수 표면에 입술이 닿자마자 기쁨으로 그의 몸이 전율했다. 마치 여신이 그에게 입맞춤하기라도 한 것처럼 이승에서의 모든 감각을 잃었다. 마치 어떤 나른한 꿈속에서처럼 그는 자신을 맑은 물속에 내맡겼다.

그러자 두 개의 우유같이 흰 팔이 물 위로 올라와서 그를 끌어내려 포옹했다. 드리오페의 팔이었다.

힐라스가 놀라움을 채 떨쳐 버리기도 전에 그는 물의 요정들의 왕국에 도착했다. 드리오페의 아름다운 자매 요정들은 기쁜 마음에 젊은 한 쌍을 아름다운 동굴로 데려갔다. 그리고 물속에서 힐라스는 아름다운 드리오페와 결혼했다.

하지만 "힐라스! 힐라스! 힐라스!"라고 부르는 낯익은 목소리가 들려올 때마다 저 위에 두고 온 사랑스러운 동료들이 생각났고, 그들이 지금 자신을 애타게 찾고 있다는 것을 알았다. 힐라스는 가슴이 아팠지만 요정이 물 아래에서 땅 위 인간들에게 말을 할 수 없듯이 그 역시 자신이 어디에 있고 지금 얼마나 행복한지를 말해 줄 수 없었다.

그리하여 힐라스의 친구들을 영원히 그를 잃어버렸다. 그는 그 뒤로 마이시아에 남아 있게 되었다. 그 지방 사람들은 지금도 힐라스가 그곳의 호수와 강에서 살면서 불멸이 되었다고 믿는다.

해마다 이웃의 프로사에서는 그를 위한 제사가 치러진다고 한다. 사제가 큰 소리로 '힐라스'를 세 번 부르면 사람들이 마치 메아리인 양 그의 이름을 세 번 따라 부른다고 한다. 마지막으로 그들은 모두 흩어져서 실종된 젊은이를 찾는 시늉을 하면서 "힐라스! 힐라스! 힐라스!"라고 외친다. 이렇게 함으로써 드리오페의 연인에 대한 추억은 살아 있는 것이다. 또한 이와 함께 헤라클레스와 아르고선 대원들이 이 지역을 지나갔다는 것 또한 잊히지 않게 되었다.

힐라스에게 어떤 일이 일어났는지 전혀 알지 못하는 헤라클레스와 폴리페모스는 계속해서 그를 찾아다녔다. 그들은 하루 종일 숲속을 찾아 헤매다가 밤이 되어서야 돌아가기로 했다. 하지만 그들 역시 어둠 속에서 길을 잃었고 하루가 넘는 길을 반대 방향으로 걸어가 버렸다.

아침에 그들은 자신들이 바닷가에서 멀리 떨어져 있는 것을 알았지만 여전히 어느 쪽으로 가야 할지 알지 못했다. 이때 제우스의 소식을 전하는 헤르메스가 그들 앞에 나타났다. 그는 힐라스가 요정들의 왕국에서 행복하게 살고 있다는 말을 한 뒤에 이렇게 덧붙였다.

"제우스 님은 그대들이 동료들과 합류하기를 원치 않으

십니다. 폴리페모스는 여기서 밤이 되기를 기다려야 합니다. 그리고 수평선에서 사분의 일이 되는 곳에 크리우스의 별자리가 나타날 것입니다. 그대는 그 방향으로 계속 가야 합니다. 그러다가 높은 언덕에 가려진 천연 항구가 있는 곳을 발견하게 될 것입니다. 그 자리를 그곳 주민들에게 보여 주시고 함께 도시를 세울 것을 청하십시오. 그들은 당신의 청을 들을 것이고 바로 그 자리에 도시를 세워서 '크리우스'라 부르고 그곳의 왕이 될 것입니다. 그리고 제우스의 아들인 헤라클레스여, 이제 당신 차례입니다."

헤라클레스가 대답했다.

"난 암피트리온과 알크메네의 아들입니다. 왜 저를 제우스의 아들이라고 부르는 거지요?"

"그대는 제우스의 아들입니다. 그런데도 그대의 삶은 고통과 아픔으로 가득 차 있었지요. 앞으로도 그럴 것입니다. 제우스 님은 당신이 그리스로 돌아가야 한다고 결정하셨소. 거기서 그대는 고문과 모욕을 겪어야 하고 그대의 목숨을 몇 번이고 위험에 빠지게 해야만 하오.

하지만 그대는 이 세상의 그 누구도 보지 못했던 엄청난 일들을 수행하게 될 것이오. 모든 독재자가 당신의 힘 앞에 움찔할 것이고 그대가 파멸하기를 간절히 바랄 것이오.

하지만 그대는 평민들의 사랑을 너무나 많이 받아서 신들조차 그대의 명성을 부러워하게 될 것이오. 그러니 이제 제우스 님이 마련해 놓은 길을 따라 앞으로 나아가십시오. 그리고 그대들의 동료에 대한 걱정은 하지 마십시오."

말을 마친 헤르메스는 손을 들어 인사하고 구름으로 자신을 감싸고는 사라져 버렸다.

좀 망설여지기는 했지만 둘에게는 복종 외에는 선택의 여지가 없었다. 하지만 헤라클레스는 그리스로 갈 마음이 전혀 없었다. 그래서 그는 먼저 폴리페모스와 함께 가기로 했다.

뒷날 헤라클레스는 폴리페모스를 도와 크리우스를 함께 세웠다. 크리우스는 실로 아름다운 도시가 되었고 오늘날 그곳은 '키오스'로 알려져 있다.

아르고선 대원들은 인내심을 가지고 동료들을 기다렸다. 그때 내륙 쪽에서 바람이 불어 오자 이아손은 모두 배를 타고 떠날 것을 명령했다.

"더 이상 그들을 기다릴 수는 없소. 그리고 또 그들을 찾기 위해 또 다른 동료를 보낼 수도 없소."

대원들은 무거운 마음을 이끌고 침묵 속에서 항해를 계속했다. 배 안의 분위기가 너무나 무거워서 결국에 이아손이 일어나 입을 열었다.

"우리는 친구들을 잃었습니다. 하지만 그렇다고 해서 항해하는 내내 이렇게 우리의 운명을 한탄하고 있어서는 안 됩니다. 오르페우스, 그대의 리라로 아르고선에 다시 기쁨과 생명을 불어넣어 주십시오!"

하지만 헤라클레스와 가장 친한 텔라몬은 이를 못마땅하게 여겼다. 그는 화가 나서 벌떡 일어나서 소리쳤다.

"부끄러운 줄 아시오, 이아손! 이게 아무것도 아니라는 말이오? 우리는 동료 세 명을 잃었소이다. 그런데 당신은 마치 아무 일도 없었던 것처럼 말하는구려. 아, 이제 알겠소. 당신은 헤라클레스가 없어져서 기쁜 것이군요. 맞아요, 바로 그거예요! 당신은 그가 당신의 영광을 빼앗아 갈까 봐 두려웠고 그래서 빨리 출항하기로 결심한 것이오. 흠, 그렇다면 나는 더 이상 가지 않겠소이다. 티피스, 배를 다시 돌리시오! 어서요! 다시 돌아가서 실종된 동료들을 찾아봅시다!"

이아손이 경고했다.

"텔라몬! 이 배에서 명령을 내리는 사람은 나요! 배는 항로를 바꾸지 않을 것입니다!"

하지만 텔라몬은 이아손의 말을 무시한 채, 티피스에게 몸을 던져 그를 밀어내고 키를 잡아서 배의 방향을 오던 길로 급히 돌리려고 했다. 배가 방향을 돌릴 때 바람이 돛에 걸려 휘청했다. 만약 선원들의 수호신인 글라우코스가 파도 속에서 나타나서 돕지 않았다면 아르고선은 전복되었을 것이다. 글라우코스는 평범한 어부에서 바다의 신이자 예언자가 된 자였다.

글라우코스가 거친 목소리로 고함을 질렀다.

"너희들은 돌아가선 안 돼! 그대들의 동료들이 마이시아에 남게 된 것은 신과 인간의 지배자인 제우스 님의 뜻이었어. 그들에게 불행이 떨어진 게 아니니 걱정할 필요 없어. 모두들 힘을 모아 계속 앞으로 나아가야 돼. 절대로 그대들의 목표인 황금 양털을 잊어서는 안 돼!"

이 말과 함께 글라우코스는 아르고선을 제 방향으로 잡아 주고는 앞으로 나아갈 수 있도록 힘껏 밀어 주었다.

텔라몬은 즉시 이아손과 다른 대원들에게 사과했다. 오르페우스가 리라를 연주하기 시작했고 배 위에서의 다툼은 곧 노래 속에 잊혔다.

한동안 항해를 계속하던 그들은 비트니아의 바닷가에서 도시를 발견했다. 물자가 바닥나 있었기 때문에 그곳에 정박하기로 했다. 그들은 해안가에 도착하자마자 샘을 보았고 물을 긷기 위해 갔다. 그런데 가까이 다가갔을 때 뒤에서 목소리가 들려왔다.

"그 샘에서 당장 떨어져! 아무한테나 쉽게 우리 물을 주지는 않아!"

권투 시합

고개를 돌려 보니 거기에는 거인만큼이나 키가 큰 남자

가 서 있었다. 그의 얼굴은 잔인해 보였고 인정사정없는 사람 같아 보였다. 그의 주위에는 무기를 든 자들이 잔뜩 서 있었다.

아르고선의 대원들은 깜짝 놀라서 멍하니 서 있었다. 그 거인은 거들먹거리며 그들 쪽으로 와서는 대원 한 명 한 명을 거만하게 훑어보더니 말했다.

"여기는 전통이 있지. 너희들에게는 야만적으로 보일지 모르지만 우리는 매우 재미있어하는 풍습이야. 이방인이 우리를 방문해 물을 마시기를 원한다면 그들 중 한 명이 나와 권투 시합을 해야 하지. 그리고 그가 누구이든 내가 죽을 때까지 패 주지. 그러니 너희들 중에 최고의 권투 선수를 뽑아 봐. 내가 그를 죽이자마자 원하는 만큼의 물을 가져가게 해 주지. 그리고 한 마디 덧붙이자면, 이 샘은 바로 내 아버지이신 막강하신 포세이돈 님께서 선물로 주신 것이기 때문에 너희들은 아주 싼값에 귀중한 물을 마시게 된다는 것이야. 자, 이제 내 소개를 해 볼까? 나는 베브릭스 인의 왕이자 이 지역의 두려운 존재로 알려져 있는 아미코스 님이시다!"

그의 말을 들은 대원들은 마음이 무거워졌지만 폴리데우케스가 용감하게 앞으로 나섰다.

"내가 상대해 주지!"

폴리데우케스는 이름난 권투 선수였다. 그리스 어디에도 그보다 더 센 주먹을 가진 자는 없었다. 하지만 이 시합만은 가망이 없어 보였다. 카스토르는 형을 말리려고 했지만 소용이 없었다.

아미코스는 폴리데우케스를 위아래로 못마땅한 듯이 훑어보았다. 왜냐하면 그는 어렸고 몸도 작았으며 전혀 무서워 보이지가 않았기 때문이었다.

아미코스가 코웃음치며 말했다.

"난 살기 싫은 사람하고 싸우겠다고 하지는 않았는데. 난 정말 날 죽일 수 있다고 믿는 사람과 싸우고 싶다구."

폴리데우케스 또한 아미코스를 아예 쳐다보지도 않고 동료들을 향해 말했다.

"계속 떠들라고 해, 저 허풍선이. 곧 바람이 다 빠지겠지."

그 말을 들은 아미코스가 으르렁거렸다.

"흥, 건방지기까지 하네. 좋아, 정 그렇게 원한다면 상대해 주지. 하지만 먼저 동료들에게 작별 인사를 하는 게 좋을 거야. 곧 저세상으로 여행을 가시게 될 테니까!"

"허풍 그만 떨고 어서 시작하자구."

폴리데우케스가 짧게 대답했다.

그들은 재빨리 장갑을 끼었다. 아미코스는 링 주변을 거들먹거리며 모든 이들이 보도록 허공에 대고 주먹을 휘둘러 보였다. 폴리데우케스는 매우 신중하게 맞섰다. 자신이 얼마나 어려운 상황에 처했는지를 알고 있었기 때문이었다. 그가 아미코스의 머리를 때려야만 이길 확률이 있었다. 하지만 아미코스는 너무나 커서 머리를 치기가 어려웠다.

폴리데우케스는 생각했다.

'유일한 방법은 그를 지치게 만드는 거야.'

시합이 시작되자 아미코스가 먼저 공격을 했다. 그의 계획은 폴리데우케스의 얼굴에 한 방을 날려 바로 보내 버리는 것이었다. 그는 자신의 모든 힘을 주먹에 모아서 폴리데우케스의 턱을 향해 날렸다.

하지만 그의 주먹은 허공을 갈랐고 덕분에 어깨가 빠질 뻔했다. 그는 자신의 상대가 그렇게 민첩할 거라고는 상상도 못 했기 때문에 폴리데우케스가 엄청난 속도로 주먹을 피했을 때 큰 충격을 받았다. 그가 또다시 주먹을 날렸지만 이번에도 마찬가지였다.

이제 아미코스는 점점 더 악에 받쳐 엄청난 괴력을 주먹에 실었다. 그래도 소용없었다. 폴리데우케스는 너무나 민첩해서 그의 주먹을 살짝 피하거나 살짝 밀어젖혔다. 아미코스는 화가 나서 거의 미칠 지경이 되어 격렬하게 주먹질을 하기 시작했다. 그는 단 한 방에 상대를 어지럽게 만든 다음, 몇 번 더 쳐서 죽여 버릴 생각이었다.

하지만 이 계획마저 전혀 먹혀들지 않자 아미코스는 자신의 상대가 어떤 자인지 깨닫기 시작했다. 특히 폴리데우케스의 번개같이 빠르고 강철과 같은 주먹에 몇 번 맞다 보니 더욱 확실히 느껴졌다. 더 심각한 것은 시간이 갈수록 폴리데우케스의 주먹이 점점 더 세졌고 아미코스는 점점 더 느려지고 무겁게 움직이기 시작했다는 것이었다.

곧 아미코스는 지쳤고 상대가 아직도 힘이 팔팔하다는

것을 깨달으면서 두려움으로 진땀을 흘리기 시작했다.

'이자가 키가 작아서 내 머리를 못 치니 천만다행이다. 하지만 배를 조심해야 할 거야.'

아미코스는 속으로 생각했다.

바로 그 순간 쇠망치 같은 주먹이 날아와서 거인이 가장 두려워하던 명치를 명중시켰다. 아미코스는 고통스러워 몸을 숙였다. 그의 머리는 이제 폴리데우케스의 눈높이로 내려와 있었다. 그리하여 그는 세상에서 자신보다 더 센 주먹으로 머리를 맞게 되었다. 만약 그 주먹이 그의 관자놀이를 쳤다면 바로 죽었을 것이다. 아미코스는 더이상 싸울 수가 없었다. 그는 무릎을 꿇고 팔을 힘없이 옆으로 축 늘어뜨렸다.

폴리데우케스는 증오의 눈빛으로 거인을 내려다보았다. 그의 눈빛을 보자 아미코스는 자신의 마지막 순간이 온 것을 알았다.

아미코스는 약간 남은 숨으로 외마디를 내뱉었다.

"자비를!"

폴리데우케스는 화가 나서 말했다.

"자비라고? 넌 자비를 보여 주었던 적이 있더냐?"

"자비를!"

아미코스는 다시 한번 이렇게 외치고는 폴리데우케스 앞으로 몸을 겨우 끌고 가 그의 발등에 입을 맞췄다.

하지만 이 행동은 폴리데우케스의 격렬한 분노에 더 불을 지를 뿐이었다.

폴리데우케스가 소리쳤다.

"이 버러지 같으니라구! 내가 묻는 말에 어서 대답을 해!"

그는 주먹으로 아미코스의 얼굴을 치면서 되물었다.

"대답하란 말이다. 그래, 너는 언제 불쌍한 희생자들에게 자비를 베풀었더냐?"

"목숨만 살려 주시면 당신이 원하는 만큼의 금을 주겠소!"

"난 금을 얻으려고 싸운 게 아니다. 단지 물을 원했을 뿐이야! 넌 죽어 마땅하지만, 내 앞에서 벌레같이 기는 모습이 딱해 너를 죽여 손을 더럽히고 싶지 않구나! 네가 진정 목숨을 구하고 싶다면 네 아버지라고 하는 포세이돈의 이

름으로 맹세해라. 앞으로 이곳을 지나며 물과 음식을 원하는 이방인에게 손 하나 까딱하지 않겠다고!"

아미코스는 벌벌 떨면서 엄숙하게 약속했다. 그리고 부하들을 시켜 아르고선 대원들을 위한 선물을 가져오게 했다. 그러고는 물통에 샘물을 가득 채운 다음 안전한 항해를 기원했다. 아미코스는 자신의 약속을 지켰다. 그때부터 비트니아에 발을 내딛는 이방인은 안전할 수 있었다.

피네우스와 하르피아들

마르마라해를 떠나기 전에 아르고선은 도시 남쪽에 있는 항구에 정박했다. 이 항구는 언덕으로 둘러싸여 있었으며 언덕 위에는 궁전과 요새가 있었다. 보레아스의 날개 달린 아들들인 제테스와 칼라이스는 그곳을 잘 알았다. 그곳은 '사르미데소스'였으며 트라키아 동쪽 해안에 자리 잡고 있었다.

그들이 말했다.

"이곳은 우리의 여동생 클레오파트라와 결혼한 피네우스가 다스리고 있습니다. 그는 위대한 예언가이며 신들과 유일하게 비밀 없이 지내는 인간이기도 합니다. 우리는 그를 만나야 합니다. 그는 우리의 항해와 관련해 아주 귀한 조언을 해 줄 것입니다."

대원들은 배에서 내려 도시로 들어갔지만 그곳의 황량함에 놀랐다. 거리는 텅 비어 있었는데 놀랍게도 모든 곳이 새똥으로 뒤덮여 있었다. 도대체 무슨 일이 있었는지 상상할 수가 없는 대원들은 아크로폴리스로 올라가서 궁전으로 가기로 했다.

언덕 꼭대기에 다다르자 그들은 망가진 창과 문에 지붕도 반쯤 없어진 건물을 발견했다. 그곳은 도시의 거리보다도 더 심하게 새똥으로 뒤덮여 있었다. 새똥이 방이며 복도 등 모든 곳에 널려 있었다.

궁전에 들어갔을 때 그들은 더 큰 충격을 받았다. 거대한 나무 식탁 한가운데에 늙은 남자가 앉아 있었다. 그의 몸에는 뼈만 남아 있었고 옷은 새똥으로 더럽혀져 있었다. 눈은 움푹 패어 두 개의 커다란 구멍만 보였다. 제테스와 칼라이스조차 이 노인이 신들이 사랑하는 피네우스라는 것을 믿을 수가 없었다. 그들 모두 불행한 노인에게 동정심을 느꼈다. 그리고 이아손은 그가 누구인지 그리고 왜 이런 절망적인 사태에 이르게 되었는지 물었다.

노인이 입을 열었다.

"전 사르미데소스의 왕, 피네우스입니다. 이곳은 한때 부유하고 아름다운 도시였습니다. 하지만 이제는 완전 폐허가 되었고 나는 그대들이 보는 것처럼 이런 비참한 꼴이 되었습니다.

한때 신들은 나를 너무나도 사랑해서 나에게 보레아스의 딸과 결혼하게 했을 뿐만 아니라 올림포스로 초대해서 그들과 함께 황금 궁전에서 먹고 마시도록 했지요. 그들은 나에게 자신들의 걱정과 기쁨 심지어 비밀까지 솔직하게 털어놓았습니다. 저도 신이 된 것 같았지요.

하지만 저는 평범한 사람이었고 내 동료인 사람들이 신들의 분노를 사서 곤경에 빠지는 것을 보면 너무나 안타까웠습니다. 가끔은 그들을 돕기 위해 올림포스에서 들은 소문을 알려 주었지요.

그러다가 제우스와 다른 신들이 이 사실을 알게 되었고 너무나 화가 나서 내게 아주 가혹한 형벌을 내리기로 결정했지요. 그래서 신들과 함께 식사를 할 정도로 가깝게 지내던 내가 갑자기 이 세상의 어떤 인간보다도 신들의 증오를 받는 인간으로 전락해 버린 것이오.

그들은 먼저 내 시력을 빼앗아 갔고 제우스는 끔찍한 태풍을 일으켜서 내 궁전을 하룻밤 새에 무너뜨렸소. 그리고 아직 내 고통이 부족하다고 생각했는지 마지막으로 두 마리의 하르피아를 보내 내 인생을 끊임없는 고문으로 만들어 놓았소이다.

내가 식탁에 앉아 식사를 하려고 하면 하르피아들은 내 접시에 음식을 조금만 남겨 놓고 다 빼앗아 가지요. 그러고는 모든 것을 똥으로 오염시킨다오. 배고픔은 견딜 수 있지만 이 지독한 냄새는 정말 견디기 어렵습니다. 그래서 모두가 사르미데소스를 떠났고 나만 이렇게 벌을 받도록 남겨졌소. 이런 불운은 정말 견디기가 힘들다오."

대원들은 피네우스에 대한 동정심으로 어쩔 줄을 몰랐다. 특히 보레아스의 아들들은 누이의 남편이었던 피네우스가 너무나 불쌍했다. 어떻게든 그를 도와야만 했다.

그들은 지니고 있던 음식을 그 불쌍한 노인에게 주기

위해 식탁에 올려놓았다. 하지만 첫술을 입에 갖다 대기도 전에 끔찍하게 생긴 하르피아들이 나타났다. 그들은 상체는 여자 모습을 하고 하체는 새처럼 생긴 이상한 생물이었다. 하르피아들은 뚫린 지붕 사이로 날아 들어와서 피네우스 주위를 맴돌았다. 그러다가 그의 앞에 놓인 음식을 순식간에 모두 가져갔다. 그러고는 그의 접시와 식탁과 방 전체를 똥으로 더럽혀 견딜 수 없는 악취를 풍기

게 했다.

 그 순간 날개 달린 보레아스의 아들들인 제테스와 칼라이스가 벌떡 일어섰다. 그들은 칼을 뽑은 뒤 거대한 날개를 펼치고는 하르피아 뒤를 쫓았다. 하르피아들은 놀라서 하늘로 떠올랐고 두 형제는 계속 그들을 쫓았다. 그리고 그들이 빨리 날면 날수록 형제도 열심히 날았다. 하르피아들은 육지를 건너고 바다를 건너 그리스와 펠로폰네소스를 지나자 지쳐서 자킨토스 아래의 작은 섬에 도착했다. 두 형제도 여기까지 쫓아왔다.

두 형제가 하르피아들을 막 칼로 찌르려는 순간, 그들은 신에게 도움의 비명을 질렀다. 그러자 이리스가 나타나서 그들을 죽이지 말라고 명했다. 하르피아들이 다시는 피네우스를 괴롭히지 않겠다고 약속한 다음에야 두 형제는 이리스의 명을 받아들여 그들을 작은 섬에 남겨 두었다.

그 뒤로 이곳은 '스트로파데스' 또는 '돌아간 섬'이라는 이름으로 불리게 되었다. 이는 제테스와 칼라이스가 이곳에서 비행 방향을 틀어 동료들에게로 돌아갔다는 뜻에서 붙여진 이름이다.

피네우스는 하르피아들로부터 해방되었고 대원들에게 고마움을 전하기 위해 그들의 항해에 필요한 아주 귀중한 정보를 알려 주었다.

피네우스가 말했다.

"난 당신들이 누구인지 또 어디로 가고 있는지 압니다. 난 여기서 몇 년 동안 당신들이 오기를 기다리고 있었습니다. 예언자인 나는 내 고통이 황금 양털을 되찾기 위해 코르키스로 가는 아르고선 대원들에 의해 끝나게 될 것을 알고 있었습니다."

대원들은 피네우스가 말하는 동안 눈이 휘둥그레져서 멍하니 쳐다보고만 있었다.

"그대들의 임무는 정말 고귀하지만 무척 어렵지요. 그리고 곧 얼마 안 가서 그대들은 당신들의 힘의 한계를 시험하는 장애물을 만나게 될 것이오. 장애물은 이곳에서 코르키스로 향하는 바다 사이를 배들이 가지 못하도록 막는 커다란 두 개의 바위인 '심플레가데스'이지요. 두 바위는 자기들 사이로 배가 지나가게 되면 워낙 갑작스럽게 닫히고 열리기 때문에 그 사이로 가고자 하는 그 어떤 배도 살아남지 못했소.

하지만 그대들은 두려워하지 않아도 되오. 그 통로를 털끝 하나 다치지 않고 지나갈 테니. 단 그대들이 내 지시를 따르고 또 신과 그대들의 힘센 팔이 도와준다면 말이오. 자, 이제 그대들이 무엇을 해야 하는지 잘 들으시오. 바위 쪽으로 가다가 안전한 거리에서 멈추시오. 그리고 바위 사이가 보이자마자 비둘기를 하나 날려 보내십시오. 만약 그 비둘기가 다치지 않고 무사히 통과하면 당신들도 그렇게 할 수 있다는 뜻이오. 만약 비둘기가 바위 사이에 갇히게 된다면, 그대들은 하는 수 없이 왔던 길로 되돌아가야 할 것이오. 왜냐하면 만약 그런데도 그 길을 감행하면, 아르고선은 장작개비처럼 조각날 것이고 그대들 모두 죽을 것이기 때문이오."

이 말을 듣자 대원들은 마음이 무거워졌다.

심플레가데스

대원들은 배를 다시 바다에 띄우고 가면서, 심플레가데스라는 것이 오랜 고통으로 정신이 혼미해진 앞 못 보는 노인의 상상이기를 간절히 바랐다. 하지만 얼마 안 있어 아주 이상한 소리가 그들의 관심을 끌었다.

하늘은 맑고 구름 한 점 없는데도 동쪽에서 천둥 치는 소리가 들려왔기 때문이다. 그들이 계속 항해해 나갈수록 그 소리는 점점 더 커졌다. 하늘에는 여전히 구름 한 점 없었다. 그들이 조금 더 가까이 가서야 그 소리를 쉽게 구분

할 수 있었다. 그것은 불규칙하게 울리는 천둥과도 같은 소리였다. 대원들은 대체 이 소리가 어디서 나는지 알 수 없었다.

린케우스가 소리쳤다.

"심플레가데스에 가까워 오고 있습니다! 수평선의 안개 때문에 가려서 잘 안 보이지만 곧잘 보이게 될 것입니다."

곧 진짜로 움직이는 두 개의 거대한 바위가 시야에 들어왔다. 그들이 부딪치면서 내는 소리는 고막을 찢을 듯이 컸다. 이제 대원들은 모든 것을 아주 자세히 볼 수 있을 만큼 가까이 와 있었다. 그들은 무시무시하면서도 웅장한 심플레가데스 앞에서 그냥 굳어 버렸다.

산처럼 거대한 두 바위는 엄청난 속력으로 서로를 향해 다가가서 수백 개의 천둥과 수백 개의 번개가 대지를 때리는 것 같은 소리를 내며 부딪쳤다. 바위가 부딪칠 때면 거대한 구름이 물에서 솟아올랐다. 충돌 때 하늘로 솟는 거대한 물보라가 마치 구름처럼 보였던 것이다. 물보라 때문에 순간적으로 모든 것이 시야로부터 가려졌다. 물보라가 떠오르면서 바다는 부글거리며 소용돌이쳤다. 분노

에 가득 찬 포세이돈의 삼지창이라도 이같은 요란한 소리와 물거품을 낼 수는 없었을 것이다. 피네우스의 설명은 지금 앞에 벌어지는 광경에 비하면 아무것도 아니었다.

그러는 동안 배는 더 이상 진행할 수 없는 곳에 다다랐다. 이 부글거리는 소용돌이로 들어간다는 것은 미친 짓 같았다.

하지만 후퇴하자고 말하는 대원은 단 한 명도 없었다. 절망적인 순간에 이아손은 헤라와의 약속을 떠올렸다.

"이아손, 대담하게 나가세요. 내가 당신 곁에 있을 것입니다."

새장에서 비둘기를 꺼낸 이아손은 숨죽이며 지켜보는 동료들의 눈을 한 번씩 보고는 새를 날려 보냈다. 바위가 막 열리려는 순간이었다. 비둘기는 화살처럼 빠르게 날아갔다. 하지만 틈새는 좁았고 일순간에 바위는 다시 닫히려고 움직이기 시작했다. 겁에 질린 비둘기는 죽지 않기 위해 더 빨리 날았다. 마지막 순간에는 어떻게 될지 전혀 알 수 없는 상태였다.

티피스가 절망에 빠져 신음했다.

"바위가 비둘기를 깔아뭉갰어!"

린케우스가 외쳤다.

"아니야, 비둘기는 통과했어!"

"통과했어!"

그들은 모두 안도하는 마음을 감추지 못한 채 이렇게 외쳤다.

진짜로 비둘기는 통과했다. 하지만 거대한 바위가 비둘기의 꼬리를 약간 스치는 바람에 하얀 깃털 두 개가, 부딪친 바위가 일으키는 물안개 속으로 사라졌다.

바위가 막 열리려는 순간에 이아손이 다시 한번 물었다.

"준비되었죠? 앞으로!"

대원들은 신들린 듯이 노를 저었고 배는 틈새를 향해 돌진해 나갔다. 그들은 곧 거친 바다 한가운데 놓이게 되었고 배는 힘없이 이리저리 흔들거렸다.

하지만 그들은 비바람 속에서도 정신을 바짝 차리고 있었다. 갑자기 배가 방향을 틀어 버렸다. 티피스의 손에 달린 키가 명령을 듣지 않고 원으로 빙글빙글 돌기 시작했다. 그들은 커다란 소용돌이에 갇혔다. 배는 빠른 속도로 소용돌이 한가운데로 빨려 들어가고 있었다. 모든 희망은 사라지고 그 깊은 나락은 아르고선을 곧 집어삼킬 판이었다.

바로 그때, 보이지 않는 어떤 힘이 배를 소용돌이로부터 끌어내어 바위 사이의 좁은 틈으로 밀어 넣었다! 그리고 대원들이 가쁜 숨을 몰아쉬고 있을 때 여자 목소리가 들려왔다.

"이아손, 예전에 그대가 나를 도와주었다. 이제는 내가 그에 대한 보답을 할 차례다."

이 목소리는 뱃머리의 성상에서 들려왔다. 헤라 여신이 이아손을 잊지 않았던 것이다.

대원들은 새로운 힘을 얻어 노를 저었고 배는 번개같이 심플레가데스 사이를 밀고 나갔다. 동시에 두 개의 거대한 돌이 아르고선을 쪼갤 기세로 달려들었다. 1초 늦게 두 돌이 맞부딪쳤다. 그런데도 거대한 심플레가데스는 배 뒤쪽 꼬리 부분과 나무 장식 부분을 약간 부서뜨렸다. 대원들도 비둘기처럼 아슬아슬한 차이로 목숨을 구했다.

피네우스는 실로 대단한 예언자였으며 헤라의 도움만큼이나 그의 도움도 가치가 있었다. 아르고선이 지나가자마자 심플레가데스는 다시 열렸고 다시는 닫히지 않았다. 만약 배가 한 척이라도 그 사이를 무사히 통과하면 영원히 열려 있어야 한다고 정해져 있었기 때문이다. 대원들의 굽힐 줄 모르는 용기 덕분에 동쪽으로의 바닷길은 모든 후손을 위해 열리게 되었다.

대원들은 이제 넓고도 황량한 바다로 들어왔다. 아무도 그들의 방황이 얼마나 길어질지 알 수 없었다. 머나먼 코르키스에 대한 소문은 무성했다. 코르키스로 가는 길 어딘가에 테르모돈강이 바다로 흐른다고 했다. 그리고 그 강가에는 호전적인 아마존이 살고 있는데, 이들은 말 위에서 싸우며 주위 족속들이 모두 두려워한다는 것이었다.

그리고 또 다른 어딘가에는 땅을 가꾸지도 않고 가축을 기르지도 않으면서 오로지 그들 기술로 만든 물건에만 의존해서 사는 실력 있는 대장장이의 무리인 찰리비아인이 산다고 했다.

그리고 또 어딘가에는 모든 생산적인 일을 여자가 하고

남자는 집에서 아이를 보며 집안일을 하는 티바레니아인이 산다고 했다. 모시노키아인의 나라도 여기 어디쯤이라고 했다.

그리고 커다란 나무 성을 만들고는 아이비 잎사귀처럼 생긴 방패를 들고 기다란 창으로 전투를 하는 야만적인 전사들도 있다고 했다.

대원들은 또한 프로메테우스가 인류를 사랑한 죄로 바위에 못 박힌 채 가장 끔찍한 고문을 당하고 있는 곳도 여기 어디쯤이라는 것을 알고 있었다.

하지만 그 모든 곳이 정확히 어디에 있는지는 아무도 말할 수 없었다. 산 너머까지 볼 수 있다는 린케우스조차 말할 수 없었다.

첫 번째 들른 항구의 주민들은 대원들을 따뜻하게 맞아 주었다. 아르고선 대원들이 해안가에 발을 내딛자마자 마리안디노스의 왕인 라이코스가 직접 달려 나와서 이들을 맞아 주었다.

라이코스는 이방인들이 자신의 가장 지독한 적인 아미코스를 때려눕히고 모욕을 주었다는 말을 듣고는 찬사를 아끼지 않았고 며칠 동안 잔치를 벌였다. 대원들이 떠날 때 물자를 충분히 주었고 그들의 길을 안내하라고 자신의 아들 다스킬로스에게 명했다.

라이코스가 아르고선 대원들을 친절하게 맞이해 준 것과는 다르게 다른 곳에서는 그들을 매우 잔인하게 맞이했다. 항해의 첫 번째 희생자가 나왔다. 예언자 이드몬이 무시무시한 멧돼지의 공격을 받아 죽었다. 이다스가 창을 들고 달려가서 그 끔찍한 괴물을 죽였다. 그러고는 이드몬을 어깨에 메고 동료들이 있는 곳으로 와서 부상을 치료하려 했다.

하지만 멧돼지의 엄니에 깊게 파인 나머지 이드몬은 바닥에 뉘어지자마자 숨을 거뒀다.

이다스가 말했다.

"이드몬은 예언자였기에 자신이 이번 원정에서 죽을 것을 알고 있었습니다. 직접 나에게 말해 주었지요. 하지만 자신이 죽기 전까지는 그 사실을 밝히지 말아 달라고 부탁했답니다. 그는 정말 용감한 영혼을 지녔지요. 자신에게 어떤 운명이 기다리고 있는지 알면서도 우리와 함께 배에 오른 것입니다."

하지만 용감한 이드몬의 죽음만이 전부가 아니었다. 그들의 소중한 조타수 티피스가 갑자기 병에 걸렸다. 그의 상태는 빠르게 악화되더니 밤이 되기도 전에 죽었다.

대원들은 죽은 두 친구를 기리기 위해 3일 동안 애도했다. 그러고는 그들의 시체를 태워서 항아리에 재를 담은 뒤, 두 개의 무덤을 만들었다. 각각의 봉분에 노를 하나씩 꽂았다.

수백 년이 지난 뒤에 마리안디노스의 주민들은 방문객에게 노가 꽂힌 무덤을 보여 주며 두 명의 대원이 잠들어 있음을 존경스럽게 이야기했다.

티피스가 죽자 조타수 자리는 사모스의 안카이오스가 대신했다. 그는 아주 훌륭한 후계자였다.

바다에서 며칠 더 지내고 나서 그들은 '시노페'라는 이름의 바닷가 도시에 정박했다. 그곳 사람들은 아주 친절했으며 대원들을 환영했다. 그들이 도착한 날은 마침 잔칫날로 막 제물이 준비되고 있었다. 그곳의 지도자는 아르고선 대원들에게 잔치에 함께 참여하기를 바랐다. 이아손은 감사 인사를 하면서 어떤 신을 위한 제인지 물었다. 그는 강의 신 아소포스의 딸인 요정 시노페를 섬긴다고 했다.

지도자는 말을 이었다.

"시노페는 여러분의 고향에서 왔는데도 그녀에 대한 이야기를 모르시는 것 같군요. 이제 우리와 함께하고 있으니 이에 대해 아셔야 하는 게 당연합니다."

그는 즉시 젊은 음유 시인을 불러서 노래로 이 도시가 어떻게 해서 '시노페'라는 이름을 갖게 되었는지 노래하도록 했다.

음유 시인은 대원들 사이에 앉아서 리라를 연주하며 아소포스 딸의 전설을 노래하기 시작했다.

시노페

"시노페는 머나먼 아르고스에서 이곳으로 왔지요."

그의 노래는 이렇게 시작했다.

"그녀의 아름다움은 해마저도 어둡게 만들 정도로 눈이 부셨지요. 제우스는 그녀를 보자마자 사랑에 빠지고 말았다오. 하지만 시노페는 부끄러움 많고 겁이 많았기에 그를 보자마자 무서워서 도망갔답니다. 제우스는 그녀를 쫓았지만 산양처럼 민첩하고 재빠른 그녀는 계속 그를 피해 도망갔습니다.

제우스는 밤낮으로 그 아름다운 요정을 쫓아다녔습니다. 결국 시노페가 이곳에 와서는 너무 지쳐서 제우스에게 잡히고 말았답니다. 하지만 제우스는 시노페의 마음을 사로잡을 수 없었어요. 그는 그녀에게 선물을 주고 싶었지만 겁에 질린 아가씨를 무엇으로 위로할 수 있을지 알지 못했지요. 그래서 결국에는 그녀에게 선택하도록 해야겠다고 생각했지요.

'제가 원하는 것은 무엇이든 주실 건가요?'

시노페는 불안한 듯 물었답니다.

마음이 급한 제우스는 바로 대답했지요.

'그대가 원하는 것이라면 무엇이든지. 그리고 나는 절대 약속을 저버리지 않으니 걱정할 필요 없다.'

그러자 시노페의 얼굴은 환해졌고 용감하게 대답했답니다.

'저는 영원히 결혼하지 않은 아가씨로 남고 싶어요.'

제우스는 너무 속이 상해서 자신의 혀를 깨물 뻔했답니다. 하지만 이제 그가 할 수 있는 일은 아무것도 없었답니다.

그렇게 하여 시노페는 결혼하지 않고 계속 여기서 살았답니다. 그리고 우리는 그녀를 기리기 위해 우리 도시 이름을 시노페라 지었지요."

매력적인 이야기를 듣고 난 대원들은 음유 시인과 왕에게 감사했다. 그러고 나서 오르페우스는 리라를 연주하며 시노페가 태어난 아름다운 그리스에 대한 노래를 불렀다.

오르페우스는 모든 이를 감명시켰지만 특히 더 감명받은 이는 세 명의 젊은 청년이었다. 그들은 눈물이 글썽글썽해서 대원들에게 말했다.

"저희도 그리스에서 왔습니다. 우리 셋은 형제이며 헤라클레스가 히폴리테의 허리띠를 찾으러 왔을 때 함께 왔답니다. 그런데 어느 날 밤 우리는 길을 잃었고 그 뒤로 쭉 이곳에 머물렀습니다. 이제 우리는 당신들과 함께 항해에 참여해 고향으로 돌아가고 싶습니다."

이아손과 다른 대원들은 세 명의 고향 친구를 반겼다. 이제 몇몇 자리가 비게 된 지금, 그들의 도움은 매우 쓸모 있었다. 세 청년은 테살리아의 트리케 출신이었으며 이름은 데일레온, 아우톨리코스, 플로기오스였다.

대원들은 다시 항해를 시작했다. 그들은 아르고선을 고향에서 멀리 힘차게 밀고 나갔지만 언제 항해가 끝날지에 대해서는 아무런 기미가 보이지 않았다. 가끔씩 왼쪽으로는 이름 모를 해안선이 보였으며 오른쪽으로는 계속해서 텅 빈 바다만 보일 뿐이었다.

드디어 그들 앞에 작은 섬이 나타났다. 아무도 없는 것처럼 보였지만, 그들 항로에 정면으로 놓여 있었기 때문에 거기에 잠시 정박해야만 했다.

그런데 그들이 밧줄을 채 묶기도 전에 대원 중의 한 사람인 오일레우스가 고통의 비명을 질렀다. 그의 어깨에는 화살이 꽂혀 있었다. 이아손이 달려가 뽑아 보니 화살이 아니라 동으로 만들어진 무겁고 뾰족한 깃털이었다. 다행히 오일레우스는 심하게 부상을 입지 않았지만 1분도 안 되어서 또 다른 깃털이 배의 갑판에 꽂혔다.

이아손이 소리쳤다.

"방패를 위로 쓰고 활을 준비하시오! 적을 물리칠 준비를 하십시오!"

그런데 적은 어디에 있단 말인가? 그들은 바닷가를 사방으로 훑어보았지만 아무것도 보이지 않았다.

날카로운 눈으로 해안가의 바위 뒤편도 볼 수 있는 린케우스가 말했다.

"아무도 숨어 있지 않습니다. 아주 거대한 새 한 마리가 하늘에 있을 뿐입니다. 조심하세요! 저기 몇 마리 더 옵니다. 저 녀석들이 우리를 공격했습니다. 날개는 동으로 만들어져 정말 화살 같습니다. 헤라클레스가 스팀팔리데스 호수에서 쫓아낸 새들과 같은 종류입니다."

아르고선 대원 중 훌륭한 궁수가 숨어서 이 괴상한 괴물이 다가오기를 기다렸다. 드디어 치열한 전투가 시작되었다. 쇠로 만들어진 깃털들은 하늘에서 빗줄기처럼 쏟아졌지만 대원들의 화살 역시 또 다른 빗줄기가 되어 하늘로 솟아올랐다. 새들의 깃털은 마구잡이로 떨어지는 반면, 대원들의 화살은 목표를 놓치는 법이 없었다. 날개 달린 괴물들은 화살에 맞아 떨어졌고 남은 새들은 비명을 지르며 북쪽으로 날아가 지평선으로 사라졌다.

이아손이 말했다.

"스팀팔리데스 새들은 쫓아 버렸지만 이제는 날씨가 좋지 않은 것 같소. 파도가 높아지면 아르고선이 표류하게 될 수도 있으니 해안가로 끌어올려 놓읍시다."

이아손의 예방책은 유용했다. 왜냐하면 그날 밤, 바다는 조금 거친 정도가 아니라 산더미만 한 파도가 일었기 때문이었다. 아르고선은 안전했지만 다음 날 아침에 폭풍우가 지나고 나서 보니 해안가에는 부러진 널빤지들이 여기저기 널려 있었다.

프릭소스의 아들들을 만나다

이아손이 말했다.

"어젯밤에 다른 배가 난파된 것 같소. 생존자가 있는지 찾아봅시다."

말이 채 끝나기도 전에 바위 뒤에서 물에 흠뻑 젖고 지쳐 보이는 젊은이 네 명이 나타났다. 얼굴로 보아서는 그리스인과 무척 닮았지만 이처럼 머나먼 곳에서 그리스 사람을 만난다는 것은 상상도 할 수 없었다.

아르고선 대원들은 그들에게 물어보았다.

"친구들이여, 그리스에서 오셨소?"

젊은 청년들이 대답했다.

"우리는 코르키스 출신입니다. 그리스로 가고 있는 중이었지요. 그러나 신들은 우리를 고향 땅으로 돌아가기를 원하지 않으신 모양입니다. 우리는 프릭소스의 아들이며 아이올리아인입니다. 이 머나먼 땅에서 비참하게 돌아가신 아버지만큼이나 운이 없답니다."

이아손은 이들이 자신의 삼촌뻘인 프릭소스의 아들이라는 말을 들었을 때, 감정을 억누를 수가 없었다.

"그렇다면 우리의 형제들이군요!"

이아손은 기쁨의 눈물을 글썽이며 외쳤다.

"나 역시 아이올리아인으로서 아이손의 아들이라오."

그러고는 그들을 하나씩 끌어안고 입을 맞추었다.

그들은 함께 앉아서 이야기하기 시작했다. 네 명의 젊은이는 어젯밤 폭풍우에 배가 난파당했고 파도에 실려 해변으로 밀려와 기적같이 살아날 수 있었다고 말했다. 이아손은 자신들이 어디로 그리고 왜 가는지에 대해 이야기했다.

그러자 프릭소스의 아들 중 한 명인 키티솔로스가 말했다.

"정말 대단한 원정에 나서셨습니다. 지금 여기서 여러분의 의지를 보지 못했다면 불가능한 일이라고 했을 것입니다. 황금 양털은 헬리오스의 아들인 아이에테스가 지키고 있습니다. 그리고 이미 아시겠지만 강력한 왕이었던 그는 황금 양털을 손에 넣은 뒤 천하무적이 되었지요.

황금 양털을 그에게서 가져가려는 생각이나 음모를 꾸몄다는 게 발각되는 날에는 그날로 끝장이지요. 외할아버지이기 때문에 잘 압니다.

저희 어머니는 그의 딸인 칼키오페지요. 그의 가장 어린 딸인 메데이아는 헤카테의 사제이며 강력한 마녀랍니다. 아이에테스에게는 새로운 부인에게서 얻은 '압시르토스'라는 아들도 있지요. 그와 딸들은 그들의 의붓 어머니가 키웠지요. 그녀는 그들을 증오하고 그들 역시 그녀를 증오하게 되었지요. 왜냐하면 그녀는 자신의 아들만을 사랑하기 때문이랍니다.

세월이 흐르면서 압시르토스는 왕의 오른팔이 되었고 자신의 어머니에게는 진정한 아들이 되어서 자신의 두 이복누이에 대한 적대심을 키워 나갔답니다. 그 모진 증오는 우리에게까지 영향을 미쳤답니다. 압시르토스는 우리에게 누명을 씌우기 위해 왕에게 우리가 황금 양털을 노리고 있다고 이야기했지요. 아이에테스는 우리가 자신의 손자만 아니었다면 그리고 신을 두려워하지 않았더라면 분명 우리를 죽였을 것입니다.

아이에테스는 우리를 배에 실어서 그리스로 보냈는데 어젯밤에 그 배가 난파된 것이었지요. 그는 절대로 황금 양털을 빼앗길 수가 없답니다. 불멸에다가 천하무적인 거대한 용이 잠도 안 자고 황금 양털을 밤낮으로 지킨답니다.

황금 양털을 절대 훔칠 수 없는 이유가 또 있지요. 그것은 이 소중한 보물을 아버지보다 더 열정적으로 감시하는 메데이아의 마법 능력 때문이랍니다."

이아손은 키티솔로스에게 물었다.

"그렇다면 메데이아가 우리의 가장 위험한 적이란 말이오?"

"그녀는 뛰어난 마법사여서 혼자서도 충분히 당신들을 막을 수 있답니다. 하지만 아이에테스도 막강한 힘을 가지고 있기 때문에 메데이아의 도움이 필요 없을 정도지요.

아이에테스는 메데이아를 아끼면서도 한편으론 그녀가 마음만 먹으면 황금 양털을 빼앗아 갈 수 있는 능력을 지녔으므로 그녀를 두려워하지요. 하지만 그녀가 그럴 리는 없지요. 아니, 왕의 딸로서 황금 양털을 지켜야 한다는 생각이 더 크기 때문이지요.

이러한 이유로 당신들은 절대로 황금 양털에 손을 대지 못할 것입니다. 제 조언을 듣고 집으로 돌아가십시오. 코르키스에 발을 들여놓았다가는 당신들의 목숨을 구하기 힘들 테니까요. 그 누구도 아이에테스의 막강한 힘과 꾀를 당할 자 없으며, 아무도 메데이아와 같은 마법사를 무시할 수 없고, 아무도 무시무시한 용 앞에서 당당할 수 없습니다.

　게다가 그 누구도 신의 의지를 거역할 수 없습니다. 신들은 황금 양털이 코르키스에 남아 있기를 바라는 것 같습니다. 당신들은 용감하고 겁이 없습니다만, 이렇게 목숨을 버리는 것은 너무나 안타까운 일입니다."

　이아손이 말했다.

　"우리는 황금 양털 없이는 돌아가지 않을 것이오. 그리고 황금 양털이 코르키스에 남아 있기를 바라는 신들도 있지만 또한 그것이 라피스티움산의 제우스 제단에 올려지기를 바라는 신들도 있소이다.

　여러분과의 만남이 바로 우리에게도 강력한 신의 지지가 있다는 증거요. 우리가 이 외로운 섬에서 우리에게 정보를 주고 또 계속해서 우리를 도와줄 수 있는 바로 당신들을 만난 게 우연이라고 생각되지 않습니다."

　네 형제는 한목소리로 대답했다.

　"우리는 당신들 편입니다."

　그리고 키티솔로스가 덧붙였다.

　"그대들은 우리의 목숨을 구해 주었습니다. 우리는 당

신을 도와야만 하고 당신들과 함께 목숨을 걸 의무가 있습니다."

얼마 안 있어 아르고선은 다시 바다로 띄워졌고 코르키스를 향해 출발했다. 프릭소스의 아들들이 안내했기에 항해는 그리 어렵지 않았다. 이제 그들은 정확하게 어디로 가는지, 또 어떻게 가야 하는지를 알게 되었다.

코르키스에 도착하다

그들은 9일 동안 잠잠한 바다를 순조롭게 가로질렀다. 10일째 되는 아침에는 해가 늦게 떴다. 거대한 산이 햇빛을 가로막았기 때문이었다.

키티솔로스가 외쳤다.

"카프카스산맥이에요!"

이 말에 그들은 거대한 바윗덩이에 못 박혀 세상에서 가장 끔찍한 고문을 받고 있는 프로메테우스를 떠올렸다. 바로 그때 독수리가 하늘 위로 날아갔고 대원들은 두려움에 소름이 끼쳤다. 날마다 프로메테우스의 간을 부리로 파먹기 위해 날아드는 제우스의 고문관이었다. 이런 끔찍

한 고통을 이겨 내다니, 인간을 향한 그의 사랑은 도대체 얼마나 크단 말인가!

독수리를 보자 우울해진 마음은 키티솔로스의 다음 말에 기쁨으로 변했다.

"이제 코르키스에 도착했습니다. 안카이오스, 오른쪽으로 돌아서 강어귀를 따라 올라가세요. 우리는 지금 아이에테스의 땅을 적시는 파시스강 어귀에 와 있습니다."

곧 아르고선은 파시스에 도착했다.

키티솔로스가 외쳤다.

"노를 저어서 강을 거슬러 올라갑시다! 강둑에 곧 아이에테스의 도시인 아이아가 보일 것입니다. 우리의 항해가 거의 끝날 때가 왔습니다!"

하지만 얼마간 역류를 거슬러 올라가기 위해 노를 젓던 이아손은, 잠시 배를 옆으로 돌리고 힘을 재충전한 다음 이튿날에 강을 거슬러 올라가자는 프릭소스 아들들의 말에 동의했다.

배를 묶어 둔 뒤 키티솔로스는 다시 한번 그들이 부딪쳐야 하는 어려움에 대해 좀더 자세히 설명했다. 하지만 아무리 불가능해 보여도 대원들은, 특히 이아손은 낙관으로 가득 차 있었다. 그런 데에는 이유가 있었다. 왜냐하면 바로 이 순간에 저 높은 올림포스에서는 헤라 여신이 자신이 아끼는 이아손을 어떻게 하면 도와줄 수 있을지 고민하고 있었기 때문이었다.

헤라는 막강한 신이었지만 그 일이 결코 쉽지 않았다. 하지만 헤라에게는 올림포스의 신들을 모두 합쳐 놓은 것보다 더 명석한 두뇌를 가진 동료가 있었다. 그는 지혜의 여신 아테나였다.

"아테나에게 가서 물어봐야겠어. 그녀의 창의적인 생각과 진정한 영웅을 사랑하는 마음이 분명 내게 도움이 될 거야."

자신을 찾아온 헤라한테서 이야기를 들은 아테나는 잠시 생각하더니 대답했다.

"대원들의 꿈이 물거품이 되지 않기 위해서는 오직 한 가지 방법밖에 없어요. 그를 도울 수 있는 사람을 자신의 편으로 만들어야 해요. 나는 지금 아이에테스의 딸, 메데이아에 대해 이야기하고 있는 거예요."

헤라는 아테나의 말에 깜짝 놀라서 눈썹을 치켜올렸다. 헤라가 그렇게 놀라는 데는 그럴 만한 이유가 있었다.

사랑의 여신, 이아손을 돕다

"하지만 메데이아가 자신의 아버지보다 더 지독하게 황금 양털을 지키고 있는데 어떻게 이아손에게 도움이 될 수 있지요? 다른 해결책을 생각해 봐야 해요. 그런 불가능한 일은 바라지 맙시다."

"많은 불가능한 것들이 가능해지는 화살이 있지요. 아프로디테의 날개 달린 아들 에로스의 활에서 나가는 작은 화살이 메데이아의 심장을 맞히게 하면 돼요. 시간 낭비 하지 말고 당장 사랑의 여신을 찾아 나섭시다."

헤라는 기쁜 나머지 아테나를 껴안고 입을 맞추었다.

"아, 이제 알았어요!"

무척이나 어려워 보였던 문제의 답은 여기에 있었다. 가장 지혜로운 답은 그렇듯 아주 간단한 것이었다.

헤라와 아테나가 아프로디테에게 계획을 설명하자 그녀는 자신이 가지고 있는 힘에 대해 무척 자랑스러워하면서 당장 그렇게 하겠노라고 대답했다.

"걱정 마세요. 원하는 대로 모든 일이 일어날 거예요. 그 방법 외에는 이아손이 황금 양털을 손에 넣을 수 있는 방법은 없어요."

헤라와 아테나가 자리를 뜨자마자 아프로디테는 날개 달린 아들 에로스를 불렀다. 그러고는 당장 활을 가지고 머나먼 코르키스로 떠날 것을 명령했다. 그의 임무는 메데이아의 마음이 이올코스의 영웅 이아손을 향해 불타오르게 하는 것이었다.

한편 동은 텄고 아르고선 대원들은 출항할 준비를 하고 있었다. 막 노를 저으려는 순간 비둘기를 쫓고 있는 매를 보았다. 그런데 비둘기가 갑자기 아르고선을 향해 날갯짓을 하더니 마침 선상에 나와 있던 이아손의 팔 안으로 날아들었다. 매는 비둘기를 잡으려다가 돛대에 너무 세게 부딪치는 바람에 갑판 위에 떨어져 죽었다.

테살리아에서 온 예언자, 몹소스가 말했다.

"아주 좋은 징조예요. 사랑의 새인 비둘기가 이아손의 품으로 날아든 건 다른 여신이 우리 편이라는 뜻입니다."

몹소스의 말을 듣고 새로운 용기를 얻은 대원들은 신이 나서 노를 저어 강을 올라가기 시작했다. 해가 서쪽으로 넘어갈 즈음, 그들은 코르키스의 수도인 아이아에 도착했다. 도시의 가장 높은 곳에는 아이에테스의 휘황찬란한 궁전이 서 있었다.

대원들은 기쁨과 설렘으로 뛰는 가슴을 진정시킬 수가 없었다. 그들은 수많은 모험과 엄청난 위험을 지나 드디어 여정의 끝에 와 있었다. 하지만 아직까지 그들은 어떻게 황금 양털을 찾을 것인가는 생각하지 못하고 있었다.

이아손은 조심스럽게 주위를 둘러본 뒤 안카이오스에게 갈대가 길게 자란 곳으로 배를 몰라고 명했다. 그곳은 도시에서 잘 보이지 않는 터라 배를 숨기기에 좋았다.

시간이 흘러 밤이 되었지만 그들은 아직도 다음 날 어떻게 해야 할지 결정을 내리지 못하고 있었다. 이런 순간에는 모든 이들의 생각이 소중했다. 이아손은 대원들의 의견을 듣기 위해 회의를 열었다.

황금 양털

아이에테스와의 만남

다음 날, 키티솔로스와 그의 형제들은 이아손을 아이에테스의 궁전으로 인도했다. 헬리오스의 아들인 아우게이아스도 그들과 함께 떠났다. 아우게이아스는 자신의 형제이기도 한 아이에테스를 너무나 만나고 싶었다.

전날 저녁 회의에서 결정된 가장 좋은 방법은 그들이 함께 아이에테스에게 가서 당당하게 황금 양털을 돌려달라고 말하는 것이었다.

그들은 황금 양털만 돌려준다면 그 대가로 목숨을 걸어야 하는 어떤 일이라도 하겠다고 말할 참이었다. 이 방법만이 자신들이 도둑이나 강도 떼처럼 황금 양털을 빼앗으러 온 게 아니라 정정당당하게 얻으러 온 것임을 보여 주리라고 생각했다.

하지만 이 만남의 결과가 어떻게 될지는 아무도 예측할 수 없었다. 아이에테스에게 가서 자신들은 오로지 그가 세상에서 가장 소중하게 여기는 황금 양털을 갖기 위해 이 먼 길을 왔다고 이야기한다는 것은 누가 보아도 무모한 짓이었다.

하지만 이 모험 자체가 처음부터 무모하지 않았던가? 자신들의 용기가 뜻을 이루게 해 줄 것이라는 믿음으로 그들은 당당하게 도시를 향해 출발했다.

그들이 아이아의 입구에 다다랐을 때, 네펠레가 두꺼운 안개를 보내 주어 그 누구에게도 보이지 않게끔 그들을 감쌌다. 키티솔로스와 그의 형제들은 길을 잘 알고 있었기 때문에 그들은 궁전까지 눈에 띄지 않고 갈 수 있었다. 그들이 궁전 안마당에 들어서자 구름이 사라졌다.

코르키스 왕의 빛나는 궁전이 이아손과 아우게이아스의 눈에 들어왔다. 아이에테스의 아버지인 헬리오스를 기쁘게 하기 위해 위대한 기술자인 헤파이스토스가 지은 작품이었다. 그들은 네 개의 얼굴이 달린 분수에 특히 감동받았다. 이 또한 지칠 줄 모르는 헤파이스토스의 작품이었는데, 그 분수의 생김새보다 더 놀라운 것은 네 개의 입에서 내뿜는 것이었다.

하나에서는 우유가, 다른 하나에서는 포도주가, 또 하나에서는 향유가 흘러나왔으며 마지막 입에서는 맑고도 깨끗한 물이 나왔다. 키티솔로스의 설명에 따르면 겨울에는 따뜻한 물이, 여름에는 얼음처럼 시원한 물이 흘러나온다는 것이었다.

그 모든 것이 아이에테스의 넉넉함을 말해 주고 황금 양털의 마법의 힘을 설명하는 것이었다.

이들을 가장 먼저 발견한 사람은 칼키오페였다. 그녀는 너무나 기쁜 얼굴로 다시는 못 만날 줄 알았던 아들들을 맞이하기 위해 달려갔다.

곧이어 궁전의 커다란 문이 열리고 아이에테스가 나타났다. 그는 이방인들과 함께 온 칼키오페의 아들들을 보고는 얼굴이 어두워졌다.

아이에테스는 성난 목소리로 소리쳤다.

"내 너희를 그리스로 보내지 않았더냐! 왜 돌아왔지?"

키티솔로스가 대답했다.

"배가 난파되어 바다에 빠진 우리를 이들이 구해 주었습니다. 이들은 이방인이 아니라 그리스에서 온 우리의 동포입니다."

"난 엘리스에서 온 당신의 형제요."

아우게이아스가 미소 띤 얼굴로 아이에테스를 포옹하려고 다가갔다.

하지만 아이에테스는 받아들이기 싫다는 몸짓을 하며 뒤로 물러섰다. 그리고 퉁명스럽게 물었다.

"어떻게 여기 왔지? 나한테 뭘 원하는 거야?"

아우게이아스는 이올코스의 영웅, 이아손을 가리키며 말했다.

"이아손이 설명해 줄 것이오. 그는 프릭소스의 조카이기도 하지. 그리고 우리는 알고 보면 아주 가까운 친척들이지요."

메데이아

바로 그 순간 메데이아가 들어왔다. 태양의 신이자 그녀의 할아버지인 헬리오스로부터 물려받은 커다란 금빛

눈동자는 이아손과 아르고선 대원들을 자석처럼 끌어당겼다.

메데이아는 프릭소스의 아들들과 함께 서 있는 이방인들을 보며 어리둥절해했다. 게다가 그녀는 자신의 아버지가 그들을 향해 호통치는 것을 보고 더 어리둥절한 표정을 지었다.

아이에테스는 믿을 수 없다는 표정을 지으며 이아손에게 캐물었다.

"신들은 심플레가데스가 어떤 배도 지나치지 못하게 했고, 라오메돈 왕이 헬레스폰토스에서 이방인을 막고 있는데, 도대체 어떻게 온 거지?"

이아손은 침착하게 입을 열었다.

"헬리오스의 후손이자 코르키스의 막강한 왕이신 당신께 경의를 표합니다."

이아손이 입을 열자마자, 메데이아의 눈은 신처럼 잘생긴 이방인에게 못 박혔다. 바로 그 순간 기둥 뒤에 숨어 있던 에로스는 그녀의 가슴을 향해 절대 빗나가지 않는 사랑의 화살을 겨냥했다.

더 이상 아무것도 필요하지 않았다. 갑자기 생전 처음 보는 남자가 메데이아의 전부가 되어 버렸다. 한순간 모든 것이 바뀌었다. 그녀는 새롭게 열리는 세상을 느꼈다. 메데이아는 이 이방인을 위해 모든 것을 포기할 준비가 되어 있었다. 그리고 만약 그가 원한다면, 어떤 시련이 닥치더라도 우주 끝까지 그를 따라갈 참이었다.

이아손도 메데이아의 존재를 느꼈다. 그리고 자신을 커다란 금빛 눈으로 바라보고 있는 아름다운 아가씨의 마음속에서 뭔가 특별한 일이 일어나고 있음을 깨달았다. 그는 아이에테스와 이야기를 나누는 동안에도 자신이 이 이름 모를 아가씨의 가슴에 더 깊숙이 새겨지는 것을 느낄 수 있었다.

이아손이 말했다.

"우리는 이올코스의 왕인 펠리아스의 명을 받고 길고도 위험한 항해를 해 왔습니다. 신탁에 따르면 아이올리아인이 언젠가 그리스에서 온 소중한 물건을 다시 그리스로 가져가기 위해 온다고 했다고 합니다. 제가 바로 그 아이올리아인입니다. 제 이름은 이아손이며 아이손의 아들입니다. 제가 받은 명령은 황금 양털을 가져가는 것입니다."

아이에테스는 분노에 가득 차 치를 떨며 물었다.

"지금 뭐라고 했나?"

메데이아도 굉장히 놀랐지만 그녀의 두근거리는 가슴을 더욱 두근거리게 할 뿐이었다.

"저는 황금 양털을 그리스로 가져가야 한다고 말했습니다. 그리고 친구로서 당신께 정식으로 청합니다. 그 이유는 그 누구도 운명을 거스를 수 없기 때문입니다."

아이에테스는 몹시 화를 내며 말했다.

"멍청한 것 같으니라고! 자네는 내가 그렇게 간단하게 황금 양털을 넘겨줄 거라고 생각했나? 어떤 인간도 내게서 귀중한 보물을 가져가지 못하네. 신탁이 뭐라고 했든 누가 도움을 주든 간에 말일세. 이 말을 명심하게!"

이아손은 꿋꿋하고 침착하게 대답했다.

"하지만 당신은 그것을 제게 주셔야만 할 것입니다. 그 숫양은 오르코메노스에서 왔고 그 양털은 다시 그리스로 돌아가야 합니다. 그래야만 프릭소스의 아버지인 아타마스가 비로소 마음의 안식을 얻게 될 것입니다.

하지만 제게 그것을 거저 달라고는 하지 않겠습니다. 제게는 많은 동료들이 있습니다. 그리고 그들 중에는 그리스의 최고 영웅들도 있습니다. 무엇이든지 명령만 내려 주시면 우리가 해 드리겠습니다. 산적이 있다거나 범죄자가 있어서 처리해야 한다면 그렇게 해 드릴 수 있습니다. 우리는 당신의 숲에서 야생 맹수와 괴물들을 없애 드릴 수도 있습니다. 당신의 적을 국경 저 밖으로 몰아내 드릴 수도 있습니다. 무엇이든지 원하는 것을 말씀하시면 들어 드리겠습니다. 그 대가로 제가 바라는 것은 우리에게 황금 양털을 주시겠다는 당신의 언약입니다."

아이에테스가 자신의 조건을 말하다

아이에테스는 꿈쩍도 하지 않았다.

"나는 그 어떤 일에도 자네들의 도움이 필요하지 않아. 왜냐하면 내게는 그만한 힘이 있으니까."

이 말이 끝나기 전에 아이에테스의 눈에 어떤 교활함이 비쳤고 다시 말을 이었다.

"하지만 황금 양털을 위해 목숨을 걸고 싶어 하니 그에

걸맞은 임무가 하나 있기는 하네. 하지만 그것은 그 어떤 인간도 할 수 없는 일이지. 일단 듣고 나면 별로 마음이 내키지 않을 걸세."

이아손은 어떤 것이든 받아들일 준비가 되어 있다는 듯이 대답했다.

"우리는 그동안 수많은 위험을 이겨 내면서 여기까지 왔습니다. 오로지 황금 양털을 얻기 위해서 말입니다. 명령만 내려 주시면 해내겠습니다. 하지만 우선 그전에 그에 대한 대가로 황금 양털을 주겠다고 맹세해 주십시오."

"맹세하지. 하지만 경고하는데, 자네를 기다리는 것은 승리가 아니라 패배라네. 내가 말하는 조건을 혼자서 다 이겨 내야만 하네. 자, 이제 자네도 내게 이 일을 해내겠다고 맹세하게나!"

"제우스 님의 이름으로 맹세합니다! 저는 성공을 하지 못하면 기꺼이 죽겠습니다."

"스스로 무덤을 팠으니 어디 내 이야기나 좀 들어 보게. 전쟁의 신인 아레스가 꿈에 나타나서 내게 그러더군. 자신의 돌밭을 하루 만에 갈고 씨를 뿌려서 곡식을 거두려고 할 만큼 무모한 사람을 데려오라고. 나는 그의 소망을 이루기 위해서 영웅 하나를 희생하겠다고 약속했었네. 그런데 이렇게 죽음에 넋이 나간 영웅이 제 발로 걸어 들어오다니. 바로 자네 말일세!"

이아손은 단호하게 말했다.

"전 죽지 않을 것입니다! 제가 모든 장애물을 물리치고 돌아왔을 때 제게 한 약속을 지킬 준비나 하고 계십시오!"

아이에테스가 비웃으며 말했다.

"자네는 정말 멍청하군. 자네가 혹시라도 살아남을 수 있다고 생각했다면 내가 맹세했을 리가 있나. 자네는 아레스의 밭을 갈아야 하네. 하지만 얌전하고 말 잘 듣는 소가 아니라 불을 내뿜는 두 마리의 황소로 말이지. 헤파이스토스가 내게 준 선물이지.

그 황소에게 다가가기만 해도 자네는 죽을 것이네. 그들은 자네를 보자마자 달려들어서 뿔로 받아 버린 다음 입에서 나오는 불로 구워 버릴 걸세. 어쩌다 이 괴물을 길들이는 데 성공하더라도 돌밭을 간다는 것 자체가 불가능한 일이네. 흙 속에 숨겨져 있는 수많은 돌에 걸리자마자 쟁기 날은 부러지고 말 걸세.

 하지만 밭을 갈았다고 쳐도, 그다음에는 씨를 뿌리는 위험이 기다리고 있지. 왜냐하면 난 자네에게 밀알을 주는 대신 용의 이빨을 줄 것이기 때문이지. 용 이빨에서 연녹색 싹이 나올 거라고는 기대하지 말게나. 거대하고 잔인한 전사들이 땅을 박차고 나올 것이라네. 그리고 그들이 자네를 베기 전에 그들을 전부 잘라 추수해야 한다네.

 이 모든 것을 혼자서 할 수 있겠나. 혼자 해야 한다는 게 내 조건일세. 그런데도 만약 성공한다면 약속한 대로 자네가 아레스의 숲으로 가서 황금 양털을 가져오도록 허락하겠네.

 하지만 이 앞의 모든 일을 해내고 아레스의 숲으로 들어갔다고 해서 기뻐하기에는 아직 이르다네. 왜냐하면 거기에서 가장 어려운 임무를 처리해야만 할 테니까. 어떻게 황금 양털에 접근해서 가져오느냐 하는 것이지.

 아무도 자네와 함께 가서 도와줄 수는 없네. 설사 모두 함께 간다고 해도 그곳을 지키는 용에게는 전혀 상대가 안 될 걸세. 이 용은 얼마나 큰지 자네들 모두를 먹고 배까지 삼킬 수 있을 정도지. 아마 그 용은 한 군대가 가더라도 이길 수 없을 걸세. 왜냐하면 그 용은 불멸이기 때문이지. 잘 때 어떻게 해 보겠다는 생각도 금물일세. 그 용은 절대로 자지 않으니까. 항상 눈을 크게 뜨고 끊임없이 모든 방향으로 불을 내뿜으며 감시하고 있지.

황금 양털을 찾아 가겠다고 여기에 올 만큼 멍청한 자네이기에 이런 이야기를 다 해 주는 거네. 이제 자네에게는 죽음만이 기다리고 있을 뿐이네. 왜냐하면 내가 말한 것을 하겠다고 약속했기 때문에 이제는 되돌아갈 수가 없지."

이아손은 자신을 걱정스러운 눈으로 바라보고 있는 황금빛 눈동자의 아가씨를 힐끗 보면서 대답했다.

"맹세를 했든 안 했든 전 그 임무를 수행할 것입니다. 저는 황금 양털을 찾기 위해 여기까지 왔으며 그것 없이 돌아간다는 것은 있을 수 없는 일입니다. 내일 아침이면 저는 아레스의 밭에 혼자 가 있을 것입니다."

아이에테스가 비아냥거리며 말했다.

"그래, 매우 용감한 청년이군. 그렇다면 자네를 딱 한 번 더 만나 주지. 그러고는 영웅의 죽음을 즐거운 마음으로 구경하도록 하겠네."

"물론 그러시겠지요."

이아손은 무겁게 대꾸했다. 말은 당당하게 했지만 자신이 이 임무를 해낼 수 있을 거라는 희망은 없었기 때문이었다.

메데이아의 선택

그들은 그렇게 서로에게 지키기 힘든 약속을 한 채 헤어졌다. 이아손은 모든 희망을 잃은 채 동료들과 함께 아르고선으로 돌아갔고, 아이에테스는 자신감 넘치는 표정으로 자신의 방으로 돌아갔다.

메데이아는 너무나 마음이 아프고 불안해서 구석진 곳으로 가서 눈물을 흘렸다. 그녀는 어느 한쪽을 선택해야만 하는 기로에 서게 된 것이다. 메데이아는 마술을 부릴 수 있는 힘이 있었기 때문에 이아손이 황금 양털을 가져가도록 할 수 있었다.

하지만 그녀가 어떻게 그렇게 할 수 있단 말인가? 어떻게 아버지와 가족을 그리고 코르키스를 배반할 수 있단 말인가? 그렇지만 어떻게 이제 그녀의 전부가 되어 버린 그 청년을 도와주지 않을 수 있단 말인가?

메데이아는 이아손이 헤파이스토스의 황소에 의해 갈기갈기 찢기거나 땅에서 솟아 나온 거인 전사들에게 당해도 어쩔 수가 없었다. 왜냐하면 그녀는 아버지를 거역할 수가 없었기 때문이었다. 신들이 내린 가장 큰 규칙은 부모를 공경하고 복종해야 한다는 게 아니었던가?

메데이아는 슬픔에 가득 차 울부짖었다.

"오, 위대한 사랑의 여신이시여! 왜 이런 불꽃을 제 가슴에 심어 놓으셨습니까? 사랑하는 남자를 구할 길이 있는데도 끔찍하게 죽도록 내버려 둔다면, 어떻게 살아갈 수 있겠습니까?"

아이에테스의 딸, 메데이아는 오랜 시간 동안 고민했다. 그리고 결국에는 끔찍한 일을 저지르기로 결심했다. 아버지를 거역할 수 없고 또 사랑하는 사람을 죽도록 내버려 둘 수도 없으니 자신이 죽을 수밖에 없다고 생각한 것이다. 그녀는 마법에 쓰는 약초들을 뒤져 자신에게 필요한 것을 찾았다. 그 약초의 뿌리에서는 사람을 죽일 수 있는 독이 나왔다. 메데이아는 그 약초에 입을 맞추면서 말했다.

"네가 나를 자유롭게 해 주겠구나."

바로 그때 칼키오페가 뛰어 들어왔다.

"메데이아, 우리를 좀 살려 줘! 아이에테스가 이아손 일행에게 코르키스로 오는 길을 가르쳐 주었다고 내 아들들을 죽이려고 하고 있어!"

메데이아는 눈물을 흘리며 언니의 팔에 쓰러졌다. 그녀는 아프로디테가 자신의 가슴에 질러 놓은 불에 대해 이야기하면서 자신이 어떤 끔찍한 갈등에 빠졌는지를 고백했다.

"난 이 약초를 먹고 막 죽으려던 참이었어. 언니가 나를 구한 거야. 이제 뭘 해야 할지 알 것 같아. 난 아버지가 계획한 대로 되지 않게 하겠어!"

그러고는 칼키오페를 그냥 놓아둔 채 도시 밖으로 달려 나갔다.

메데이아는 몇 시간 동안 거친 황야를 달린 끝에 프로

메테우스가 매달려 있는 절벽에 다다랐다. 그가 매달려 있는 절벽 아래에는 프로메테우스가 끈기 있게 버티며 흘리는 피를 먹고 자라는 꽃들이 피어 있었다. 메데이아는 꽃 한 송이를 꺾어서 헤카테의 신전으로 급히 뛰어갔다. 어둠이 내렸지만 보름달이 떠서 별빛의 여신을 만나기에는 딱 좋은 시간이었다.

메데이아는 하늘을 쳐다보며 팔을 높이 벌리고 여신의 이름을 세 번 불렀다. 달의 둥그런 모습이 사라지고 헤카테 여신이 나왔다. 그녀는 달만큼이나 빛나고 있었다. 그 둘은 함께 신전 안으로 들어갔다.

얼마 뒤 신전에서 나오는 메데이아의 가슴에는 작은 상자 하나가 안겨 있었다. 메데이아와 별빛의 여신은 프로메테우스의 발아래에서 피는 꽃으로 무시무시하고 강한 힘을 줄 수 있는 연고를 만들었다. 이제 기쁨으로 마음이 가벼워진 메데이아는 헤카테에게 고마움을 전하고는 이아손을 찾으러 달려갔다.

한편 배 안에는 침울한 분위기가 감돌고 있었다. 모두가 이아손을 말렸다. 아레스의 밭에 가지 말고 집으로 가

자고 설득할수록 이아손의 결심은 더욱더 굳어져 갔다.

텔라몬이 말했다.

"자네 맹세는 아무 의미가 없네. 자네를 죽이기 위해 만들어 놓은 함정에 빠진 것뿐이야."

이아손이 마침내 이렇게 말했다.

"동료 여러분, 제가 지금 부탁하고 싶은 것은 잠시 혼자 있게 해 주는 겁니다."

이아손과 메데이아의 만남

이아손은 산책을 하며 머리를 식히고 싶어서 숲속으로 걸어갔다. 배에서 조금 떨어진 곳에 다다랐을 때 그는 옆에서 무슨 소리가 나는 것을 들었다. 고개를 돌린 그는 어둠 속에서 한 아가씨의 모습을 볼 수 있었다.

어두운 숲속에서 그녀를 발견한 이아손은 놀라서 물었다.

"이 한밤에 혼자 방황하는 그대는 누구시오? 무섭지 않습니까? 혹시 아이에테스의 딸인 메데이아라면 몰라도 말입니다."

그녀가 천천히 이아손에게 다가왔다.

"바로 맞혔습니다. 제가 바로 밤을 두려워하지는 않지

만 내일 아침을 두려워하는 메데이아입니다."

"저는 당신의 말을 이해하지 못하겠군요. 내가 이 시험에서 살아날 희망은 없습니다. 황금 양털은 그대와 영원히 함께할 것입니다. 그런데 두려워할 이유가 뭐가 있습니까?"

메데이아는 떨리는 목소리로 대답했다.

"그래요. 지금까지 저는 황금 양털을 잃을까 봐 두려워했지요. 하지만 이제는 그것을 우리로부터 빼앗아 가려는 자를 위해 걱정하고 두려워합니다."

"무슨 말인지 잘 모르겠습니다."

이아손은 어리둥절해하며 대답했다. 그는 문득 메데이아의 눈을 들여다보았다. 밝은 달빛 아래 그녀의 두 볼을 타고 흐르는 진주 같은 눈물방울이 또렷이 보였다. 이아손은 그녀가 무슨 일로 눈물을 흘리는지 이해할 수 있었다. 그녀는 여신만큼이나 아름다웠다.

메데이아가 입을 열었다.

"제 말을 잘 들으세요, 이아손. 이 말이 믿기지 않을지도 모르지만 저는 당신을 도우러 왔어요. 신들은 제게 마법의 힘을 주셨습니다. 그래서 저는 당신에게 아레스의 밭을 갈 때 필요한 힘을 줄 수 있고 또한 당신이 황금 양털을 얻는 것도 도와줄 수 있어요.

제 말을 잘 듣고 제가 이르는 대로 하셔야만 해요. 시간이 별로 없어요. 이 연고를 가져가세요. 그리고 달빛을 받을 수 있는 강에서 목욕한 뒤 온몸에 이 연고를 바르세요. 이 연고는 제가 모시고 있는 헤카테의 도움을 받아 만든 것입니다. 원료는 프로메테우스의 피로 키워진 꽃이고요. 하루 동안 당신은 이 세상의 그 어떤 신이나 인간보다 강해질 것입니다. 황소의 뿔도 당신의 몸을 뚫을 수 없을 것이고 뜨거운 불길도 당신을 해치지 못할 것입니다. 방패에도 마법의 연고를 바르세요. 그러면 제우스의 번개조차도 그냥 지나갈 것입니다. 다음에는 칼에 바르세요 그러면 돌도 자를 수 있을 것입니다.

엄청난 힘을 가진 당신은 황소에 쟁기를 씌워서 아레스의 밭을 갈 수 있을 거예요. 그러고 나서 당신은 용의 이빨을 뿌리게 될 것입니다. 그것은 테베에서 카드모스가 뿌렸던 것과 똑같은 이빨들입니다. 그가 했던 것처럼 무장한 거인들이 땅에서 나오기 시작하면 커다란 돌을 가져다가 그들 사이에 던지십시오. 그러면 그들은 전쟁이 난 줄 알고 죽을 때까지 서로 싸우기 시작할 것입니다. 거의 끝나 갈 때쯤 나머지 전사들을 칼로 처치하세요. 그러면 당신은 이 끔찍한 시험을 성공적으로 마칠 수 있을 것입니다. 황금 양털은 제가 용을 처리할 것이기 때문에 그리 어렵지 않게 손에 넣을 수 있을 것입니다."

이아손은 갑자기 찾아온 행운에 너무나 기뻤다.

"아름다운 아가씨, 제가 어떻게 이 은혜에 보답할 수 있지요?"

메데이아는 얼굴을 붉히며 대답했다.

"오, 이아손. 사랑의 여신이 내 가슴에 당신을 향한 뜨거운 사랑의 불을 질렀습니다. 제가 당신께 바라는 것은 사랑뿐입니다. 당신의 나라로 함께 가게 해 주세요. 그리고 아름다운 가정을 이룰 수 있게 해 주면 돼요. 우리 삶이 다하도록 당신과 함께 행복하게 살고 싶어요. 하지만 만약 당신이 나를 내치는 날에는……"

이아손은 메데이아의 말을 자르며 단호하게 말했다.

"절대로 없을 것이오! 바로 이 순간에 당신이 섬기는 헤카테에게 맹세하리다. 그리고 나를 구하기 위해 당신을 내게 보내주신 아프로디테께 맹세하리다. 나를 위해 자신의 사랑하는 가족과 고향을 버리고 낯선 땅으로 가서 살겠다고 한 당신을 절대로 내치지 않겠다고 말입니다."

메데이아는 기쁨의 눈물을 흘리며 이아손의 품에 안겼다. 하지만 기쁨의 순간도 잠시, 그녀는 몸을 떼고 말했다.

"늦었어요. 동이 트기 전에 모든 준비가 되어 있어야 해요. 어서 가서 제가 이른 대로 하시고 아레스의 밭으로 가세요. 그리고 거기에 있는 쟁기에도 이 연고를 바르세요. 아버지는 해가 뜨면 나타나실 거예요. 어서 가세요. 한 가지 알아 두어야 할 것은, 당신의 몸, 무기, 쟁기에 바르는 연고에 들어 있는 힘은 다름 아닌 당신 안에 있는 용기와 집념 그리고 당신이 원래부터 갖고 있는 힘으로부터 나온다는 것입니다. 이 모든 것이 강하면 강할수록 연고는 더 큰 효과를 낼 것입니다. 모든 것이 당신에게 달렸다는 것을 알아 두기 바랍니다. 하지만 두려워하지 마세요. 저는 당신의 능력이면 이길 수 있다고 믿으니까요. 그리고 밤이 되면 이곳으로 와서 다시 저를 찾으세요."

이아손은 강으로 달려가 메데이아가 가르쳐 준 대로 했다. 그는 금세 연고에 기적의 힘이 있다는 것을 느낄 수 있었다. 그는 혈관 속의 피가 끓는 것을 느꼈고 자신의 근육이 강철처럼 불끈거리는 것을 보았다. 기쁨과 희망으로 가득 차 날이 밝기를 기다렸다.

이아손, 위대한 임무를 위해 준비되다

해가 뜨기 전에 이아손은 아레스의 밭에 서서 기다리고 있었다. 그 시간에는 아무도 없었다. 주위를 둘러보니 정말 거친 땅이었다. 전부 돌과 바위투성이였다. 한쪽에는 마구간이 있었는데 분명 아이에테스의 황소들이 있을 것이다. 그리고 바로 옆에는 멍에와 함께 쟁기가 놓여 있었다.

이아손은 곧바로 쟁기에 연고를 발랐다. 바위에 부러지지 않게 하기 위해 특히 쟁기 날에 신경 써서 발랐다.

몇 분 뒤, 아이에테스가 왕실 전차를 타고 나타났다. 그 뒤로 왕비인 유릴리테와 아들 압시르토스 그리고 많은 신하들이 따라왔다. 모두들 코르키스까지 황금 양털을 가져가기 위해 왔다는 건방진 이방인의 죽음을 보기 위해 온 것이었다. 칼키오페와 함께 온 메데이아를 제외하고는 말이다.

메데이아는 이아손과 잠시 눈이 마주쳤다. 이아손은 자신감이 넘치는 모습으로 전혀 두려움 없이 서 있었다. 반면에 메데이아는 걱정에 휩싸여 매우 절망적인 모습이었다. 사랑하는 연인이 이 시험을 통과할까, 아니면 여기 아레스의 거친 언덕에서 끔찍한 최후를 맞이하게 될 것인가? 비록 자신이 마법의 연고를 주기는 했지만 아무리 용감한 영웅이라도 두려움을 극복하는 것은 쉬운 일이 아니었다.

메데이아와 비밀을 나누는 사이인 칼키오페는 동생에게 용기를 주기 위해 이렇게 말했다.

"저 사람은 신들의 도움이 없었다면 여기까지 오지도 못했을 거야. 이제 네 도움까지 받고 있으니 그에게 두려울 것은 아무것도 없어."

주위를 한 번 둘러보고 이아손을 쳐다본 아이에테스는

손을 들어 올려 마구간 문을 열라는 신호를 보냈다. 문이 열리자 헤파이스토스의 황소들이 마구 달려 나왔다. 이아손은 메데이아를 마지막으로 한 번 더 본 다음 자신을 향해 달려오고 있는 성난 황소들을 막을 준비를 하고 있었다.

첫 번째 황소가 이아손을 향해 덤벼들었지만 그는 뿔을 잡고 바닥에 무릎을 꿇렸다. 그리고 정신이 바짝 들도록 흔든 다음 소의 머리를 바닥에 댔다. 그 황소는 뒷다리를 흔들며 빠져나가려고 했지만 풀려날 수 없었다. 황소의 콧구멍에서 뿜어져 나오는 불길도 이아손을 해치지 못했다. 결국 그 황소는 자신의 목에 멍에가 씌워지는 것을 멀거니 보고 있어야만 했다.

두 번째 황소가 이 때다 하고 공격했지만 첫 번째 황소와 별다를 바 없었다. 첫 번째 황소를 멍에에 맨 이아손은 두 번째 황소의 뿔을 잡고는 머리를 숙여서 다시 멍에를 씌웠다. 그러고는 멍에를 쟁기에 매달아서 얌전해진 황소들을 데리고 밭을 갈았다. 자신의 칼로 황소들을 찔러 가면서 땅속 깊숙이 박혀 있는 돌과 돌을 빼냈다.

밭 가는 일이 끝나자 이아손은 아이에테스에게 손을 벌리고 뛰어갔다.
 이아손은 아이에테스를 향해 소리쳤다.

"이제는 용의 이빨입니다."

아이에테스는 분노와 놀라움으로 얼굴이 벌게져서 용의 이빨을 건네주었다.

아이에테스는 속으로 이런 생각을 했다.

'이 이방인은 정말 대단하구나. 하지만 전사들이 땅에서 튀어나오면 못 견딜 거야.'

칼키오페는 메데이아의 귀에 대고 속삭였다.

"정말 훌륭한데! 더 이상 걱정할 게 없을 것 같아."

이아손은 이랑 사이를 걸어 다니면서 용의 이빨을 뿌렸다. 이 일은 금세 끝났고 몇 분 뒤에 거인과도 같은 전사들이 땅에서 나오기 시작했다. 밭은 곧 야만적인 전사들로 가득 찼다. 그들은 이곳저곳으로 눈을 돌리며 적을 찾고 있었다.

덤불에 숨은 이아손은 거대한 바윗덩어리를 들어서 밭 한가운데로 던졌다. 곧 전사들 사이에서는 피 튀기는 전투가 벌어졌고 서로를 사납게 공격했다. 드디어 이아손은 그 격돌 속에 뛰어들었다. 거인 전사들이 밀이 쓰러지듯이 이아손의 칼에 맞고 쓰러졌다. 마지막 전사가 쓰러짐과 동시에 해는 서쪽으로 졌다.

이아손은 마지막 전사가 쓰러지자마자 아이에테스에게 추수가 끝났다고 말하러 달려갔다. 하지만 아이에테스는 이아손이 자신을 향해 달려오는 것을 보자 전차에 올라 궁전으로 떠나며 시종들에게 이렇게 말했다.

"저자가 죽기 전에는 내 앞에 데려오지 마! 그리고 황금 양털은 꿈도 꾸지 말라고 해!"

메데이아는 이아손을 향해 짧게 사랑의 눈빛을 보내고는 언니의 손을 잡고 함께 궁전으로 달려갔다.

"아버지가 다시 무슨 일을 꾸미는지 알아야 돼."

아이에테스는 분노에 차서 궁궐 대전을 서성이고 있었다. 그러다가 자신과 같이 갔던 사람들을 노려보며 외쳤다.

"비상 회의야! 지금 당장!"

그의 가장 충성스러운 장군이 대답했다.

"저희 모두 이렇게 폐하의 분부를 기다리고 있습니다."

"오늘 밤 우리는 아르고선을 불태우고 대원들을 모두 죽인다!"

그의 아들 압시르토스가 대답했다.

"물론 저도 동의합니다. 하지만 확실히 해 두려면 서둘러야 할 것입니다."

아이에테스가 명령을 내렸다.

"어서 군대를 소집하라. 내가 직접 군을 총지휘하겠다!"

모두가 당장 행동할 것에 동의했지만 아이에테스의 아내 유릴리테는 조금 더 생각해 보라며 그를 말렸다. 헤라가 모습을 숨긴 채 유릴리테의 입을 빌려 말했다.

"여보, 저도 당신의 계획에 동의해요. 하지만 너무 서두르면 계획을 망칠 수도 있어요. 아무래도 내가 당신을 진정시켜야겠어요. 저와 함께 가요."

그러고는 부드러운 미소와 함께 아이에테스를 이끌었다. 아이에테스는 군사 회의를 뒤로 한 채, 아내가 이끄는 대로 침대로 갔다.

장군들은 계획이 늦춰진 것에 대해 안심하며 졸린 눈으로 모두 잠을 자러 갔다. 그러나 압시르토스는 어머니의 방해가 못마땅했다. 그는 잠을 자러 가는 대신 밖으로 나가서 어둠 속으로 사라져 버렸다.

메데이아는 아버지의 코 고는 소리를 듣고 이아손을 찾으러 달려 나갔다. 약속 장소에 이아손이 기다리고 있었다.

메데이아가 서둘러 말했다.

"우리는 어서 황금 양털을 가지러 가야 해요. 황금 양털을 손에 넣으면 그리스로 출발해야만 해요. 지금 아버지는 아르고선을 불태우고 당신들 모두를 죽이려 하고 있어요."

이아손은 놀라서 물었다.

"하지만 그렇게 빨리 황금 양털을 가져올 수 있을까요?"

"쉽지는 않겠지만 가져가게 될 거예요."

"그러고 나서는?"

이아손은 부드러운 눈길로 메데이아를 바라보았다.

"그러고 나서 저는 당신의 충실하고 믿음직한 동반자로서 영원히 당신과 함께할 거예요. 하지만 만약······."

이아손은 강하게 부인했다.

"절대로 '만약'은 없을 것이오. 만약 내가 그대를 버리는 날이 온다면, 나는 가장 가혹한 벌을 받게 될 것이오. 나는 신들과 인간 모두에게 버림받아 아무도 없는 사막에서 혼자 죽을 것이며 내 시체는 개들이 뜯어먹게 될 것이오."

"이아손, 그렇게 끔찍한 맹세를 할 필요는 없어요. 당신을 믿고 그것으로 충분해요. 이제 아레스의 숲으로 가야 할 시간이에요."

이아손, 황금 양털을 손에 넣다

그들은 달빛을 받으며 걸어갔다. 갑자기 벌판이 나왔고, 거대한 나무에 걸려 있는 물체에서 황금빛이 뿜어져 나오는 것을 보았다. 이아손은 믿을 수가 없었다.

'아, 바로 저것이 황금 양털이구나!'

황금 양털 옆에는 두 개의 동그라미가 불처럼 빛나고 있었다.

'두 개의 이상한 빛은 도대체 뭘까?'

가까이 다가가자 빛의 정체를 알 수 있었다. 그것은 불꽃과 불을 뿜어내는 커다란 괴물의 눈이었다. 침입자를 발견한 용은 갑자기 구부렸던 몸을 펴고는 무시무시한 입을 열어서 끔찍한 이빨과 길고 갈라진 혀를 내보이며 소름끼치는 울음소리를 냈다. 용으로부터 뿜어져 나오는 악의 기운은 이아손 같은 영웅, 아니 신이라도 감당하기 어려웠다.

이아손이 공포에 휩싸여 주춤거리는 사이 메데이아는 별로 놀라지도 않고 혼자 계속 걸어갔다. 그녀가 손을 내밀어 마법의 주문을 외우자 곧 거대하게 똬리를 틀고 있던 용이 잠잠해졌다. 그러고 나서 모든 신들 가운데 가장 의지력이 강하고 천하무적인 잠의 신 힙노스를 불렀다. 마지막으로 자신이 직접 만든 액체에 적신 나뭇잎이 달린 가지를 흔들어 괴물의 눈꺼풀 위에 뿌렸다. 한 번, 두 번, 세 번 뿌려지자 용은 편안하게 거대한 몸을 숲에 쭉 펴고는 머리를 바닥에 댔다. 용은 황금 양털을 지킨 이래 처음으로 거대한 눈을 감았다.

메데이아가 소리쳤다.

"이아손, 어서요! 어서 내려요!"

위대한 순간이 왔다. 이아손은 앞으로 걸어가서 달빛 속에서 빛나고 있는 귀중한 황금 양털을 두 손으로 잡아 품에 안았다. 믿기지가 않았다. 어떻게 이런 행운이 주어

질 수 있는지 믿을 수가 없었다. 불과 하루 전만 해도 모든 것을 잃었다고 생각했는데…….

이아손은 메데이아를 바라보았다. 그녀의 도움과 사랑이 없었다면 그는 지금쯤 시체가 되어 있었을 것이다. 너무나 감동을 받은 그는 그녀를 껴안으려 다가갔다. 하지만 메데이아는 그를 밀어내며 말했다.

"어서 배로 뛰어가세요! 더 이상 지체했다가는 어떤 일이 벌어질지 몰라요."

하지만 몇 발자국도 가지 않았을 때, 덤불 뒤에서 그림자가 어른거리다 재빨리 사라지는 것을 보았다.

메데이아가 깜짝 놀라며 말했다.

"압시르토스가 틀림없어요. 오늘 밤 잠을 자러 가지 않은 자는 압시르토스뿐이에요. 빨리 배로 가서 당장 떠나야 해요."

아르고선의 모든 대원이 걱정하며 기다리고 있다가 이아손이 메데이아와 함께 급하게 뛰어오는 것을 보았다. 이아손이 보름달 아래에서 황금빛을 내뿜는 황금 양털을 펼쳐 보이자 그들의 걱정은 걷잡을 수 없는 열광으로 바뀌었다.

이아손은 메데이아가 배에 탈 수 있게 도와주었고 자신도 뛰어오르면서 외쳤다.

"출항! 닻을 올리시오! 모두 노를 저을 준비를 하시오! 황금 양털은 우리 것이지만 그들이 언제 우리를 쫓아올지 모르오. 만약 지금 떠나지 않으면 우리 목숨이 위태롭소이다!"

 몇몇 대원들은 닻을 올리러 갔고 또 다른 이들은 해안가에 묶어 두었던 밧줄을 풀러 갔다. 서둘러 맡은 일을 하면서도 그들은 계속해서 이아손이 데리고 온 이방인에게 궁금한 눈빛을 보냈다.

 이아손은 곧 그들의 궁금증을 풀어 주었다.

 "아이에테스의 딸, 메데이아요. 사랑의 여신께서 직접 그녀가 우리를 돕도록 보내 주셨지요. 그녀의 마법과 용기 덕분에 우리는 황금 양털을 얻었을 뿐만 아니라 목숨도 건졌소. 저들에게 잡히게 되면 그들은 메데이아를 가장 먼저 죽일 것이오. 우리는 그녀를 모든 위험으로부터 보호해 줄 의무가 있소. 황금 양털을 얻게 된 것은 모두 그녀 덕분이오. 그래서 나는 신들에게 맹세하기를 그녀와 결혼하고 평생 사랑하기로 했소이다."

 아르고선은 빠르게 파시스강을 내려가고 있었다. 안카이오스는 민첩하게 아르고선을 조종했다. 다행히 달빛이 그들의 길을 비춰 주었고 린케우스는 멀리서도 강바닥까지 볼 수 있어서 그들에게 미리 모래톱과 뾰족한 바위가 있는 곳을 알려 주었다.

그들이 망망대해에 도착했을 때까지 아직 동이 트지 않았다. 막 지고 있는 달빛이 파도와 장난치고 있었다.

이아손이 숨을 몰아쉬며 말했다.

"탈출했어! 이제 위험은 끝난 거야!"

메데이아가 말했다.

"그렇지는 않을 거예요."

그녀의 말이 옳았다. 왜냐하면 그들이 강을 따라 미끄러져 내려오고 있는 사이 압시르토스는 궁전으로 달려가서 아버지의 문을 부서뜨릴 것처럼 두드렸다.

그는 문을 밀고 들어가면서 외쳤다.

"아버지, 일어나세요! 그 이방인들이 우리의 황금 양털을 가지고 도망갔어요. 그리고 메데이아도 그들과 함께 있어요. 아버지의 딸이 아버지를 배신했다고요!"

아이에테스가 소리쳤다.

"메데이아뿐만이 아니야!"

아이에테스는 자신의 실패를 아내 탓으로 돌리면서 그녀의 뺨을 때리고 말았다.

불같이 화가 난 아이에테스는 방에서 뛰쳐나왔다. 그는 거의 비명을 질러 대고 있었다.

"함대를 출발시켜라!"

동이 거의 틀 때쯤 아이에테스를 사령관으로 하고 압시르토스를 부사령관으로 하는 코르키스의 전 함대가 아르고선을 찾아 출항했다.

아이에테스가 소리쳤다.

"아무도 도망쳐서는 안 된다! 그들을 모두 죽어야만 해. 그리고 황금 양털에는 아무런 흠이 남지 않도록 해야 한다."

압시르토스가 물었다.

"그럼 메데이아는 어떻게 할까요?"

"그녀는 생포해라. 메데이아는 더 심한 벌을 받아야만 하니까."

"그녀는 천 번 죽어야 마땅해요."

압시르토스는 잠시 뒤에 자신이 한 말의 값을 톡톡히 치르리라는 것을 꿈에도 모른 채 이렇게 악랄하게 퍼부어 댔다.

집으로의 끔찍한 항해

아르고선은 황금 양털을 돛대에 드높이 걸고 코르키스로부터 점점 멀어졌다. 하지만 그렇다고 해서 대원들의 마음이 편해진 것은 아니었다. 아이에테스가 언제 그들을 추적해 올지 모르기 때문이었다.

프릭소스의 아들, 키티솔로스가 말했다.

"그리스로 돌아가는 길은 두 갈래가 있습니다. 하나는 당신들이 왔던 길입니다. 다른 하나는 '다뉴브'라는 크고 넓은 강을 따라 항해하다가 서쪽의 에게해로 나가는 길입니다. 저는 다뉴브강 쪽으로 가야 할 거라고 생각합니다.

비록 좀 더 멀고 힘든 길이지만, 우리가 다뉴브강 쪽으로 갔다고는 생각하지 못할 아이에테스를 따돌릴 수 있을 테니까요."

그들 모두 키티솔로스의 의견에 동의했고 안카이오스는 키의 손잡이를 북쪽으로 돌렸다. 그도 다뉴브강이 흑해로 통한다고 들은 적이 있었다.

아르고선 대원들은 며칠 동안 화창한 날씨 속에서 순탄한 항해를 했다. 그러던 어느 날 아침, 멀리 서쪽으로 지평선인 듯한 길고 납작한 육지가 보였다. 가까이 가 보니 물가에 굵은 갈대밭이 펼쳐져 있었다. 갈대밭 사이로 물길이 보였는데 아늑한 품이 마치 '만' 같았다.

"저건 만이 아니오. 그리고 지금 우리가 보고 있는 이 물살은 바닷물이 아닙니다. 우리가 찾던 거대한 다뉴브강임에 틀림없습니다."

누군가가 외쳤다. 그 말은 옳았다.

강가를 돌아보던 그들은 풀이 우거진 푸른 섬을 발견했다. 풀숲 나무들 사이로 신전 하나가 하얗게 솟아 있는 게 보였다.

이아손이 말했다.

"저기에 정박합시다. 좀 쉴 때가 된 것 같소. 그리고 우리를 아이에테스의 추적에서 벗어나게 해 주신 신들에게 감사의 제를 올립시다."

그들은 섬에 내리자 곧장 신전으로 향했다. 그 신전은 아르테미스에게 바쳐진 작은 성소였다. 거기서 대원들은 여신에게 제를 올리며 자신들에게 도움을 줄 것을 청했다. 그러고는 마음이 진정되어 다시 배가 묶여 있는 곳으로 돌아왔다.

어둠이 내리자 그들은 모래 위에 누워서 아주 깊고 달콤한 잠에 빠졌다. 하지만 그들은 새벽에 놀라 깨었다. 온 강이 함대로 새까맣게 가득 차 있었던 것이다.

약삭빠른 아이에테스가 그들이 어떤 쪽을 택했을지 추측했고 그것이 들어맞았던 것이었다. 아르고선 대원들은 진퇴양난이었다. 많은 적군을 상대하기에는 그들은 수가 너무 적었고 그렇다고 몰래 빠져나가기에는 너무 늦었다.

메데이아가 그들을 안심시켰다.

"희망을 잃지 마세요. 우리 스스로를 구할 수 있는 방법이 있어요."

그러고는 이아손은 한쪽으로 불러 속삭이며 말했다.

"들어 보세요. 우리는 압시르토스를 처치해야 해요. 그가 없으면 저 함대들은 우왕좌왕하게 될 거예요."

"좋소, 하지만 어떻게 말이오?"

메데이아가 대답했다.

"우리에게는 한 가지 방법밖에 없어요. 속여서 데려와야 해요. 그러지 않으면 우리 모두 오늘 죽을 거예요. 자, 아르테미스의 신전으로 가서 기다리고 있어요. 내가 압시르토스를 데리고 갈게요."

압시르토스, 끔찍한 최후를 맞다

메데이아는 섬에서 강 쪽으로 혼자 걸어갔다. 바로 그 순간, 아이에테스의 군함 가운데 가장 큰 군함이 앞서 들어오고 있었다. 맨 앞쪽에 압시르토스가 서 있는 게 보였다. 비록 어머니가 다르기는 하지만 한때는 형제였다가 이제는 원수가 되어 버린 그가 서 있었다. 메데이아는 절벽 끝으로 걸어갔다. 그녀를 보자마자 압시르토스가 뱃머리에서 고함을 질렀다.

"이 마녀야! 널 잡아서 죽여 버리겠다! 하지만 그 전에 먼저 네가 네 조국, 아버지 그리고 형제를 배신하면서까지 따라간 그 녀석부터 네 앞에서 죽여 주마!"

메데이아는 상처 입은 듯이 말했다.

"오, 압시르토스! 어떻게 나한테 그렇게 말할 수 있니? 난 네가 황금 양털을 훔치고 나를 끌고 간 강도들로부터 날 구하러 온 줄 알았는데!"

"거짓말! 난 네가 그날 밤에 숲으로 가서 이아손에게 황금 양털을 주는 걸 봤단 말이야!"

"그렇다면 그가 내 가슴에 대고 있던 칼은 못 본 거니? 만약 도와주지 않으면 내 가슴을 찌르겠다고 협박하고 있었단 말이야. 너희들이 공격하는 순간 이 악당들은 나를 잔인하게 죽여서 저 강으로 던져 버릴 텐데, 그래도 날 그냥 놓고 갈 거야? 네 누나를 그냥 이렇게 놓아둘 거야? 날 사랑하지 않는다는 것은 알지만 내가 그토록 싫은 거냐? 압시르토스, 잘 생각해 봐. 내가 아버지, 형제 그리고 조국에 해가 되는 일을 할 것 같니? 그 많은 사람들 중에 특히 내가 황금 양털을 줄 수 있다고 생각하는 거야?"

메데이아의 마지막 말은 울음소리 때문에 거의 들리지 않았다. 압시르토스는 정말 혼란스러웠다. 누나의 말이 어찌나 설득력이 있었던지 자신이 그토록 악랄하게 말했던 게 미안할 지경이었다.

압시르토스는 메데이아에게 물었다.

"하지만 우리가 공격하지 않으면 누나를 어떻게 구할 수 있지?"

"말했잖아. 함대가 움직이면 나를 그 자리에서 죽일 거라구. 만약 그들 몰래 하려면 혼자서 날 데리러 와야 해. 그들이 나를 찾으러 오기 전에 말이야. 또 황금 양털도 찾아 가야 해. 저기 아르테미스 신전에다 갖다 놓았어. 그들은 아르테미스 여신이 자기들의 약탈물을 지켜 줄 거라고 믿기 때문에 아무도 지키고 있지 않아.

하지만 아르테미스도 우리 편이지. 아르테미스와 헤카테는 둘 다 밤 하늘을 지배하기 때문에 하나를 섬기는 것은 곧 둘 다를 섬기는 것과 같거든."

압시르토스는 이제 메데이아를 완전히 믿었다. 그는 혼

자 섬으로 내려왔다. 압시트로스가 앞장서고 메데이아가 뒤따랐다. 둘은 함께 신전으로 갔다. 하지만 신전 기둥 뒤에는 이아손이 숨어 있었다.

압시르토스가 아무 의심 없이 신전 안으로 들어가려는 순간, 이아손이 칼을 빼들고 그를 덮쳤다. 이아손의 원수이자 사랑하는 메데이아에게 가장 큰 위협이었던 압시르토스는 이제 싸늘한 시체가 되어 하얀 대리석 신전을 주홍빛으로 물들이고 있었다.

신들의 분노

하지만 이아손이 압시르토스를 죽이고 메데이아가 자신의 형제를 속인 방법은 당연히 신들을 노하게 했다. 제우스는 이아손이 압시르토스를 등 뒤에서 칼로 쳐서 죽인 일이나 그녀가 속임수를 쓴 것을 절대 용서하지 않았다. 또한 벌주기를 좋아하는 아르테미스 여신은 자신의 신전을 압시르토스의 피로 훼손한 것이 무엇보다도 화가 나고 분했다.

하지만 헤라는 이 범죄를 정당화시키려고 노력했다. 아

르고선 대원들의 목숨을 구하기 위해서는 어쩔 수 없었다고 간청했지만 소용이 없었다. 이아손과 메데이아의 행위는 그리스로 가는 긴 여정에 일어날 끔찍한 고생을 예고했다.

하지만 그 순간에 이아손은 신들의 분노를 예측하지 못했다. 스승 케이론이 "열심히 싸워라. 하지만 절대로 명예의 길에서 벗어나지 마라."라고 충고해 준 말은 그의 머릿속에서 깨끗하게 사라져 있었다.

지금 그가 생각할 수 있는 것은 압시르토스가 죽은 덕분에 대원들이 아이에테스를 따돌릴 수 있다는 사실뿐이었다. 아이에테스는 아들을 묻어 주기 위해 시신을 찾고 있는 중이었다.

하지만 대원들은 시간을 더 벌기 위해 그의 시체를 바다에 던져 버렸다. 아들의 끔찍한 죽음으로 한 풀 꺾인 아이에테스는 돌아가기로 결심했다. 하지만 함대의 반은 남겨 두기로 했다.

아이에테스는 부하들에게 명령했다.

"너희 나머지들은 이아손과 메데이아를 반드시 데려와

야 한다. 그리고 그들과 함께 황금 양털도 가져와야 한다. 만약 빈손으로 왔다가는 너희들 모두를 아레스의 숲에 목매달아 버릴 것이다!"

코르키스로 돌아가기 전에, 아이에테스는 압시르토스의 시체를 찾아 내 땅에 묻어 주고 제를 올렸다. 이 의식이 치러진 곳에 오늘날 루마니아의 콘스탄차가 세워졌다.

그리하여 아르고선 대원들은 도망칠 수 있었다. 그들을 찾기 위해 남겨진 코르키스 사람들은 어디로 가야 할지를 몰라 거기에 그렇게 머물러 있었다.

키노세팔리와의 전투

배는 이스트로스를 따라 올라갔다. 그 당시에는 다뉴브 강을 그렇게 부르기도 했다. 물살을 거슬러 올라가야 했기 때문에 매우 힘든 항해가 계속되었다. 게다가 낯선 지역에는 끔찍한 위험들이 도사리고 있었다.

그들이 정박했던 한 곳에서는 무시무시한 키노세팔리들이 그들을 공격했다. 이들은 인간의 몸에 개의 머리를 한 괴상하고 잔인한 괴물이었다. 이들은 미친 듯이 짖었

고 마치 악마 들린 것처럼 물어 댔다. 격렬한 전투가 수시로 바닷가에서 그리고 심지어는 갑판 위에서도 벌어졌다. 많은 영웅이 위험한 순간을 겪었다. 메데이아는 이 괴물 한 마리가 자신을 덮치려고 하자 피가 거꾸로 솟는 듯한 끔찍한 비명을 질렀다. 아찔한 순간에 이아손이 끔찍한 키노세팔리를 창으로 찔러서 그녀를 구했다.

아르고선 대원들이 무사할 수 있었던 것은 보레아스의

아들들인 제테스와 칼라이스 덕분이었다. 그들은 칼을 들고 하늘에서 키노세팔리들을 공격했다. 그들이 많은 괴물을 죽이자 나머지들은 두려움에 울부짖으면서 달아났.

대원들은 다시 길을 떠났다. 다뉴브강을 거슬러 올라가는 항해는 점점 더 힘들어졌다. 그들은 매일매일 지치도록 노를 계속 저어 배를 강 위로 밀어 올려야 했다. 배가 험준한 산맥 사이에 닿자 불길한 예감이 들기 시작했다. 물

길은 거기서 끝나 있었던 것이다.

모두가 이렇게 중얼거렸다.

"지금 어디로 가고 있는 걸까? 우리는 집으로 돌아가고 있는 걸까? 아니면 신들이 우리를 이 산맥 한가운데에서 죽으라고 보내신 걸까?"

저 멀리 빛을 받아 반짝이는 거대한 강이 보였다. 아르고선 대원들은 반짝이는 강물에 희망을 걸었다.

린케우스가 말했다.

"론강입니다. 저 강줄기로 이어지는 지류의 출발지가 여기 가까이에 있습니다. 우리는 그 지점을 찾아가야 합니다."

동료들이 물었다.

"하지만 어떻게 가지?"

오직 한 가지 방법밖에는 없었다. 그것은 인간의 힘으로는 불가능해 보였다. 그러나 그들은 다시 해냈다. 배를 물 밖으로 끌어내어 땅 위로 옮겼다. 어떤 때는 배를 어깨에 메고 비틀거렸고 또 어떤 때는 통나무 위에 놓고 굴렸다. 험한 산 위로 배를 끌어당기고 밀었다. 가끔은 너무나

지치고 힘이 빠진 대원들이 배를 그 자리에 버리고 그냥 걸어서 갈까도 생각했다.

하지만 이아손은 그들에게 배를 계속 끌고 갈 수 있는 의지를 불어넣었다. 결국 그들은 지류를 찾았고 아르고선을 론강으로 이어지는 물 위에 띄울 수 있었다.

이제 그들은 거대한 강어귀를 향해 남쪽으로 떠 갔다. 그들은 새로운 힘이 솟아 힘차게 노를 저었다. 이번에는 물살도 그들을 도와주었다.

바로 다음 날 그들은 바닷가에 도착했다. 그들 앞에는 웅장한 서쪽 바다가 놓여 있었다. 그들을 그리스로 데려갈 바다였다. 그들의 끔찍한 시련은 끝이 보이고 있었다. 오르페우스는 가벼운 마음으로 리라를 연주하기 시작했고 모두 따라 노래했다. 노래는 승리의 찬가처럼 망망대해에 울려 퍼졌다. 노래에 취한 대원들은 하늘이 점점 어두워지고 바람이 일면서 높은 파도가 오고 있다는 것을 눈치채지 못했다.

하지만 눈이 멀 만큼 환한 번개가 배의 돛대를 둘로 가르고 돛에 불을 내면서 그들의 노래도 끝이 났다. 제우스의 분노가 그들에게 한꺼번에 쏟아지고 있었다. 구름과 천둥 번개를 지배하는 제우스는 대원들이 양심의 가책도 없이 신나게 집으로 돌아가는 것을 더 이상 보고만 있을 수가 없었다.

제우스의 분노로 배는 요동치는 바다위에 힘없이 떠 있을 뿐이었다.

이아손은 부러진 돛대를 잡고 폭풍우를 극복할 수 있는 온갖 명령을 소리쳐 내뱉고 있었다. 대원들은 겨우 배를 바람과 반대 방향으로 유지해 뒤집히는 것을 막으려 안간힘을 썼다.

그 동안 여러 번 대원들을 구했던 제테스와 칼라이스만은 선장의 명령을 들을 생각도 하지 않고, 메데이아를 뚫어져라 증오의 눈빛으로 쳐다보았다. 메데이아는 두려움에 이아손의 다리만 꼭 붙잡고 있었다.

제테스는 더 이상 참을 수 없어 이렇게 외쳤다.

"메데이아 때문에 신들이 우리에게 폭풍우를 보내신 거야! 배에 마녀가 있어서 항해가 순조로울 수 없는 거라구!"

칼라이스도 한마디 거들었다.

"압시르토스의 피가 아직도 우리를 쫓아다니고 있는 거야. 바다가 잠잠해지기를 원한다면 방법은 단 한 가지야. 메데이아를 저 바닷속으로 던져야 해!"

이아손은 화를 냈다.

"자네 둘 다 실성한 건가?"

대원들 가운데 가장 마음이 착한 에우페모스가 이아손을 거들었다.

"메데이아 덕분에 우리는 죽음에서 벗어났습니다. 이제 와서 우리가 살자고 그녀를 제물로 쓸 수는 없어요. 만약 그렇게 한다면 신들은 우리를 모두 물속에 빠뜨릴 것입니다."

그때 갑자기 또 다른 목소리가 들려왔다.

"만약 이아손과 메데이아가 압시르토스를 죽인 것을 용서받지 못하면 그대들 모두 다 끝난 목숨입니다."

모두들 놀라서 돌아보았다. 사람 목소리가 아니었기 때문이었다. 그것은 나무로 만든 헤라의 뱃머리 성상에서 나오는 소리였다. 그들은 성상의 입술이 열리고 닫히는 것까지도 볼 수 있었다.

키르케의 섬에서

성상에서는 계속 말이 흘러나왔다.

"첫 번째로 도착하게 되는 섬에는 마법사 키르케가 살고 있습니다. 그녀는 헬리오스의 딸이기 때문에 메데이아와 압시르토스의 고모가 되지요. 그녀로부터 용서를 구해야만 합니다. 만약 그녀가 용서해 주면 그리스로 돌아갈 수 있고, 만약 용서해 주지 않으면 다시는 고향을 못 보게 될 것입니다. 왜냐하면 복수의 여신이 그대들을 항상 쫓아다닐 테니까요."

뱃머리 성상이 말을 마치자 알 수 없는 힘에 이끌려 배는 폭풍과 물보라치는 파도를 가르며 아무도 없는 바닷가의 모래밭에 도착했다. 배가 정박하자 금세 폭풍우는 잦아들었다.

대원들은 어리둥절해서 섬인 듯한 이 낯선 곳을 둘러보았다. 꼭대기에 성이 하나 있었다.

그들은 키르케가 살고 있는 섬으로 인도되어 온 것이라

확신했다. 헤라 여신이 그들을 다시 한번 도와주었던 것이다. 하지만 이제 또 무슨 일이 일어날 것인가?

이아손과 메데이아, 프릭소스의 아들 가운데 두 명 그리고 다른 세 명의 대원이 함께 성으로 올라갔다. 번쩍이는 성이 그들 앞에 점점 더 뚜렷하게 다가왔다. 다른 이들은 밖에 세워 둔 채, 이아손과 메데이아 단둘이서 대전으로 들어갔다.

커다란 금빛 왕좌에 여신처럼 아름다운 키르케가 앉아 있었다. 그녀가 태양 신, 헬리오스의 딸이라는 것을 알려주는 황금빛이 그녀의 눈에서 빛나고 있었다. 그녀 옆에서 사자 두 마리가 단 위에 앉아 그녀를 지키고 있었다.

그들이 들어서자 사자들은 벌떡 일어나 으르렁대며 뾰족한 이빨을 보였다. 하지만 키르케는 손짓으로 사자를 진정시키고는 그들에게 가까이 오기를 청했다.

이아손은 키르케에게 자신이 누구인지 밝히고 그동안의 모험을 처음부터 끝까지 이야기했다.

하지만 그는 모든 것을 아주 자세하게 설명하면서도 자신의 이름 외에 다른 사람의 이름은 말하지 않았다. 키르

케는 이아손의 이야기에 공감하며 듣기보다는 어느 정도 거리감을 두고 듣는 것 같았다.

"저는 이제 모든 것을 이야기했습니다. 우리에게 그 방법 말고는 살 길이 없었음을 알아주십시오. 알면서도 범죄를 저지르고 신전을 훼손한 것은 단지 우리의 목숨을 구하기 위해서라기보다 동료를 구하기 위해서였습니다. 하지만 이제 복수의 여신들이 저희 뒤를 추적하고 있습니다. 그렇기 때문에 저희는 당신의 자비를 구하기 위해 또 우리의 죄를 씻기 위해 이곳에 온 것입니다."

키르케가 말했다.

"그대는 자신의 희생자 이름을 말하지도 않고 그런 부정한 행위에 대한 용서를 받으려 하는가?"

이아손은 속삭임보다도 작은 목소리로 고백했다.

"우리는 아이에테스의 아들인 압시르토스를 죽였습니다."

키르케는 왕좌에서 벌떡 일어나면서 외쳤다.

"누구를 죽였다구? 압시르토스를? 그것도 신전에서?"

말을 끝내기도 전에 그녀의 얼굴에는 주름이 생겨났고 머리카락은 하얗고 듬성듬성해졌고 코는 쭈글쭈글 늘어졌으며 손은 종이처럼 말라서 앙상하게 되었다. 그녀의 멋진 의상은 검은빛의 수의처럼 보였다.

이제는 가늘고 떨리는 목소리로 변해 버린 키르케가 물었다.

"그런데도 나한테 왔단 말이냐? 아이에테스의 누이인 내게 와서 네 범죄를 씻어 달라고? 어디서 그런 뻔뻔함을 배웠지?"

이아손은 키르케의 갑작스러운 태도 변화와 거친 비난에 할 말을 잃었다. 하지만 이제 메데이아가 간청하기 시작했다.

"만약 압시르토스가 저희를 죽이려고 뒤쫓아 오지 않았다면 절대로 그런 일은 일어나지 않았을 것입니다."

키르케는 자신과 같이 황금빛을 띠고 있는 그녀의 눈을 노려보고는 외쳤다.

"하지만 너는 그의 누이가 아니더냐! 어떻게 이런 끔찍한 살인에 휘말리게 되었지?"

"예, 전 메데이아예요. 압시르토스는 내가 아무 짓도 안 했는데도 나를 증오했죠. 그리고 내가 이 낯선 이들을 위해 조국을 버리고 이아손에게 도움을 주었던 것은, 아프로디테가 내 마음에 사랑의 불을 질러 아버지보다 또 내가 어리고 연약할 때 돌아가신 어머니보다도 이 사람의 사랑을 더 간절히 바라도록 만들었기 때문입니다."

키르케는 메데이아의 간청에 약간 누그러졌지만 그럼에도 이렇게 물었다.

"하지만 비록 어머니가 다르기는 해도 압시르토스는 네 동생이 아니었더냐."

"네, 하지만 새어머니는 압시르토스에게 나와 내 언니를 증오하도록 가르쳤죠."

키르케가 그들을 용서하다

키르케가 엄하게 말했다.

"형제자매가 서로를 증오한다는 것은 끔찍한 일이야. 더더구나 죽인다는 것은 끔찍한 일이고 말이야."

하지만 이렇게 말하면서 쭈글쭈글했던 얼굴은 다시 매끈하게 펴졌고 머리카락에도 검은 윤기가 돌았다. 그리고 강력한 마녀인 키르케는 곧 전처럼 다시 젊고 아름다운 여인으로 돌아와 있었다.

이아손과 메데이아는 그녀의 얼굴에 아름다움이 돌아

오는 것을 가만히 바라보았다.

키르케가 말했다.

"내 변화를 이상하게 생각하지 마라. 신들은 나에게 연륜과 동반되는 지혜와 함께 풋풋한 싱그러움의 젊음도 주셨단다. 이제 더 이상 너희들을 미워하지 않는단다. 내가 너희가 저지른 죄를 씻어 주겠다."

그녀는 그들의 손을 잡고 샘으로 인도했다.

키르케는 어린 새끼 양을 죽여 그 피로 그들의 손을 씻어 주었다. 그러고는 그들에게 샘물에 들어가서 목욕하라고 명했다.

"자, 내게 간청하려고 왔던 것은 이루어졌다. 신만이 아시겠지만 난 너희 둘이 좋구나. 그것은 어쩌면 너, 이아손은 황금 양털을 조국으로 가져가기 위해 목숨을 바칠 준비가 되어 있기 때문이고 또 너, 메데이아는 사랑을 위해 모든 것을 포기했기 때문인지도 모르겠다.

하지만 범죄는 범죄야. 그리고 이제 나 역시 그 죄의 일부를 같이 짊어져야 한다. 난 내 형제인 아이에테스를 배반한 것이고 예언자로서 나는 미래에 죄를 받을 날이 올

것임을 예감한단다. 하지만 상관없다. 난 최선이라고 생각하는 일을 했으니까.

자, 이제 내 말을 잘 듣기 바란다. 일단 면죄를 받은 이상 어떤 인간도 너희들을 비난하거나 그 죄를 다시 물을 수 없다. 하지만 신들의 방식은 다르단다. 그들은 그 누구의 의견도 따르지 않으며 나름대로 판단하여 결정하지.

아르테미스는 절대로 자신의 신전을 더럽힌 것을 용서하지 않을 것이야. 그리고 너희들은 그리스로 돌아가기 전에 많은 슬픔과 불행을 겪어야 할 것이다. 너희들의 인생은 끝나는 날까지 험난하고 힘들 것이다. 앞으로 있을 수많은 위험에 대해서 경고해야 하니 마음이 아프다. 하지만 난 내가 미래를 보지 못한다는 말을 듣기를 원하지 않지."

이아손과 메데이아는 자신들을 짓누르고 있던 납덩이가 떨어진 것 같은 기분이었다.

죄를 용서받은 것이 너무나도 기뻐서 키르케가 예언한 미래의 어두운 일들에 대해서는 생각하지 않았다.

세이렌의 섬

다음 날 아침, 아르고선은 다시 길을 떠났다. 날씨는 화창했다. 이제 모든 대원은 안심이 되어 자신감을 가졌다. 그들이 푸른 바다를 신이 나서 달리고 있는데 저 멀리서 달콤한 여성의 목소리가 들려왔다.

아, 안타깝게도 그들은 세이렌의 섬에 가까워지고 있었던 것이었다. 언뜻 봐서는 하얀 날개를 펄럭이며 날아다니는 세이렌은 아름다워 보이지만 자세히 들여다보면 사정은 달랐다. 다리는 새의 다리로 발톱은 매우 날카롭게 생겼다. 더 끔찍한 것은 그들이 사람만을 먹고 산다는 것이었다.

세이렌의 보금자리 근처를 지나가는 사람들은 모두 불행한 희생양이 되었다. 세이렌의 노래는 너무나 아름답게 울려 퍼져서, 지나가는 모든 뱃사람을 홀렸다. 노래를 들은 이들은 그 섬으로 달려가지 않을 수 없었다. 어떤 운명이 그들을 기다리고 있는지 안다고 해도 전혀 소용이 없었다.

이 같은 운명이 아르고선 대원들에게도 다가오고 있었

다. 그들도 세이렌에 대한 이야기는 알고 있었지만 최대한 빨리 섬으로 가고 싶은 마음에 힘껏 노를 저었다.

다행히 그들 가운데에는 세이렌이 유혹할 수 없는 이가 있었다. 바로 오르페우스였다. 오르페우스는 자신들에게 닥친 치명적인 위험을 알아차리고는 재빨리 자신의 리라를 찾아 들고 노래하기 시작했다. 그의 목소리가 울려 퍼지면서 세이렌의 달콤한 노래는 그의 목소리에 파묻혔다. 아슬아슬하게 대원들은 제정신을 차리고 재빨리 항로를 돌릴 수 있었다. 오직 그들 가운데 부테스만이 유혹을 이기지 못했다. 잘생긴 그는 세이렌에게 빨리 가기 위해 물에 뛰어들어서 급하게 헤엄쳐 갔다.

그러나 아프로디테는 잘생긴 청년이 세이렌의 잔인한 발톱에 찢기는 것을 보고 있을 수 없어 그를 구하러 달려갔다. 아프로디테는 부테스를 자신의 팔에 안고서 그를 시칠리아로 데리고 갔다. 부테스는 얼마 동안 의기소침해져 있었지만 아프로디테는 곧 그에게서 세이렌에 대한 기억을 지워 버리는 데 성공했다.

전해지는 이야기에 따르면, 이 섬을 나중에 다스리게

된 에릭스는 아프로디테가 부테스에게 쏟아부은 사랑의 결과로 탄생한 아들이라고도 한다.

아르고선 대원들은 또다시 위험으로 빠져들고 있었다.

그들은 괴물인 스킬라와 카리브디스가 살고 있는 해협에 당도했다. 이 좁은 해협은 두 마리의 끔찍한 괴물의 보금자리였다. 양쪽 강둑에 한 마리씩 숨어 있었다. 잘 모르는 항해자들은 이 위험을 전혀 모른 채 해협을 지나가려 하다가 다시는 모습을 보이지 않았다. 단지 몇 조각의 부서진 나무조각들만이 그들의 운명을 알려 줄 뿐이었다. 아르고선 대원들도 그 사실을 몰랐다.

스킬라는 뱀 같은 목에 거대한 개의 머리를 가지고 있었는데, 사람을 한 입에 꿀꺽 삼킬 수 있는 엄청난 덩치의 용이었다. 또 카리브디스는 파도를 엄청나게 빨리 들이켤 수 있는 끔찍한 용이었는데, 바다 밑의 바위와 모래가 보일 정도로 바닷물을 많이 삼켰다. 더 무시무시한 순간은 이렇게 삼켰던 물을 다시 밖으로 내뱉을 때였다. 그럴 때면 바다가 어찌나 부글거리는지 거품이 구름처럼 올라오고 삼켰던 돛대, 갑판, 노 그리고 다른 잡동사니들이 하늘

꼭대기에서 춤을 출 정도였다. 그 배 속으로 삼켜진 어떤 사람도 살아 나오지 못했다.

이 해협을 살아서 지나간 사람은 아무도 없었다. 이 끔찍한 괴물들에 대해서 전혀 모르는 대원들 역시 그들과 같은 운명이 될 판이었다.

하지만 계속해서 이들을 지켜보고 있던 헤라는 바다의 여신인 테티스에게 경고하기 위해 달려갔다. 테티스는 신 가운데에서 유일하게 인간과 결혼한 적이 있는 여신이었다. 그리고 지금 그녀의 남편이 아르고선에 타고 있었던 것이었다. 그의 이름은 펠레우스였다. 그는 모든 조건이 불리한데도 의지 하나로 테티스를 레슬링 시합에서 이겨서 그녀의 존경심과 사랑을 얻었었다.

테티스는 자신의 남편과 동료들이 위험에 빠졌다는 것을 알자마자, 자신의 자매들인 네레이데스의 도움을 구했다. 50명의 네레우스 딸들은 아르고선 옆에서 돌고래처럼 엄호하며 스킬라와 카리브디스가 둑에서 덮치는 것을 막았다.

대원들은 끔찍한 용들이 공격할 엄두를 내기 전에 그

해협을 빠져나왔다. 하지만 스킬라의 수많은 머리들이 악랄하게 짖어 댔고 또 카리브디스의 욕심 사나운 울음소리가 워낙 소름 끼쳤기 때문에 만약 이들이 용감한 대원들이 아니었더라면 아마 두려움에 미쳐 버리고 말았을 것이다.

위험한 해협을 통과하자 끝없이 이어지는 바다가 펼쳐졌다. 바람은 너무 불안정했다. 서쪽으로 부는가 하면 어느새 동쪽으로 불었다. 린케우스가 머나먼 곳의 해안선을 찾아내어 그리로 가다 보면 어느새 바람의 방향이 바뀌어서 그들을 멀리 다른 곳으로 밀어 버렸다. 물과 음식이 바닥났고 그들의 상황은 점점 절망적이 되어 갔다.

이번에도 헤라는 그들을 위해 마음을 쓰고 있었다. 그녀는 재빨리 바람의 왕인 아이올로스를 찾아가서 부드러운 서풍인 제피로스를 보내도록 명령했다. 배를 가장 가까운 해안으로 인도하기 위해서였다.

아이올로스는 막강한 헤라 여신의 말에 복종했고 제피로스는 아르고선을 오늘날에는 '코르푸'라고 알려져 있는 섬의 파이아케스 항구로 데려갔다.

파이아케스섬에서

대원들은 알키노오스 왕의 환영을 받았다. 그는 즉시 이들의 도착을 축하하기 위해 잔치를 준비하라고 명했다. 그리고 그들이 멋진 영웅이라는 것을 알고는 자신의 궁전에서 여러 날 쉬었다 가라고 말했다.

그러나 그들이 자리에 앉기도 전에 궁전의 창문을 통해 외국 배가 항구로 들어오는 것이 보였다. 그들은 걱정스러운 마음에 당장 이 배가 적인지 우방인지를 알기 위해 내려갔다.

대원들은 그들을 보자마자 가슴이 철렁 내려앉았다. 코르키스의 배였다. 아이에테스가 다뉴브강 가의 어귀에 남겨 두면서 이아손과 메데이아를 죽이든 살리든 데려오라는 명령을 받았던 바로 그 함대였다.

얌전하게 정박하려던 코르키스 군대는 아르고선 대원들을 발견하는 순간 함성을 지르며 칼을 빼어 들었다. 위험에 빠진 대원들도 무기를 뽑아 들었다.

하지만 그들이 서로를 공격하려 할 때, 알키노오스가 그들 사이에 끼어들었다.

"이보시오! 우리는 언제든지 이방인을 맞을 준비가 되어 있소. 하지만 우리는 그 누구도 서로에게 칼부림하는 것은 용납하지 않소. 만약 꼭 싸워야 하겠다면, 나에게는 그대들을 막을 만큼 강력한 군대가 있을 뿐만 아니라 대장들을 벌줄 수도 있소이다. 칼을 어서 칼집에 넣으시오. 먼저 뽑은 자들이 먼저 넣으시오. 그리고 새로 온 무리의 대장들도 궁전에 올라와서 함께 먹고 마십시다. 그리고 왜 싸우려고 하는지 이야기해 주시오. 만약 이유가 정당하다면 아무런 피 흘림 없이 만족할 만한 성과가 있도록 해 드리겠소이다."

그리하여 코르키스 군대의 대장들은 궁전으로 올라가서 알키노오스에게 자신들이 누구이며 왜 바다를 헤매고 다니는지 말했다.

"우리는 당신에게 아르고선 대원들을 쇠사슬에 묶어서 우리에게 넘겨 달라고 부탁하고 싶습니다. 하지만 저들은 이미 당신의 손님이기 때문에 그러지 않으리라는 것을 압니다. 그렇다면 우리는 최소한 황금 양털을 받아 가기를 원합니다. 왜냐하면 그것은 우리 것이고 그들이 훔쳐 갔기 때문입니다. 그리고 아이에테스 왕의 딸인 메데이아를 돌려주시기를 청합니다. 훔친 물건은 원래 주인에게 돌려줘야 하고 딸은 그들의 가족인 아버지에게 가는 게 마땅하니까요."

알키노오스는 코르키스 대장의 요구 사항에 대해 곰곰이 생각해 보더니 이렇게 말했다.

"아르고선 대원들에게, 황금 양털을 당신들에게 돌려주라고 할 수가 없습니다. 왜냐하면 그것은 정당하게 그들 것이니까요. 전 이야기를 모두 들었습니다. 아이에테스는 이아손이 아레스의 밭을 갈고 씨를 뿌려서 추수하게 되면 그 양털을 주겠다고 약속했습니다. 따라서 당신들의 요구는 부당합니다. 그렇기 때문에 당신들을 지지해 줄 수 없습니다.

메데이아의 경우, 딸은 아버지의 가족인 것이 맞습니다. 하지만 부인과 남편이 가족이라는 사실을 잊어서는 안 됩니다. 이런 이유로 저는 메데이아를 넘겨 주기 전에 먼저 그녀가 이아손의 아내인지 아닌지를 확인해 봐야겠습니다. 그리고 만약 메데이아가 이아손의 아내라면 그녀는 남편과 함께 있어야만 합니다."

결혼식

그러고 나서 알키노오스는 부인 아레테에게 이아손과 메데이아가 결혼을 했는지 물었다.

아레테는 이렇게 대답했다.

"모르겠습니다. 하지만 알아보고 답을 알려 드리도록 하겠습니다."

사실 아레테는 그들이 아직 결혼하지 않았다는 사실을 알고 있었지만 그들을 돕고 싶은 마음에서 이 사실을 그들에게 알렸다.

"한 가지 해결책밖에 없어요. 지금 당장 결혼식을 올려야만 해요."

이아손과 메데이아는 주저하지 않고 이 제안을 받아들였다. 사실 이아손이 상상했던 결혼식과는 매우 다른 것이었다. 그는 이올코스의 궁전에서 자신이 왕이 되고 메데이아가 왕비가 되는 대관식이자 웅장한 결혼식을 꿈꾸고 있었다. 그는 이 결혼식이 자신의 나이 많은 부모님은 물론이고 동포들에게도 얼마나 큰 기쁨이 될지를 생각하곤 했다. 왜냐하면 이는 곧 그들이 펠리아스의 독재로부터 벗어날 수 있다는 것을 뜻하기 때문이었다.

비록 지금 급하게 결혼식을 비밀리에 치러야 했지만 절차나 규모 면에서 부족함이 있어서는 안 되었다. 아레테는 숲의 요정인 마크리스에게 그녀의 동굴에서 결혼식을 치를 수 있도록 부탁했다. 마크리스는 흔쾌히 승낙했다. 그녀의 동굴은 마치 동화책에 나오는 보석 동굴 같아서, 벽은 수정이었고 천장에는 여러 가지 색의 종유석이 자라고 있었다.

섬의 다른 요정들도 도와주기 위해 달려왔다. 요정들은 한쪽에 신혼부부의 방을 꾸며 주면서 향긋한 장미 꽃잎으로 장식했다. 아레테는 마크리스 옆에서 신부를 씻기고 머리를 빗기고 하얀 옷으로 치장시켜 이아손의 옆으로 데리고 나갔다.

그들을 본 모두는 올림포스산에서 막 내려온 신과 여신처럼 광채가 난다고 생각했다. 왜냐하면 아프로디테가 신랑과 신부에게 자신이 가진 아름다움의 일부를 선사했기

때문이었다.

　아르고선 대원들이 모두 참석했고 요정들은 가슴에 화환을 두른 채 신랑과 신부 주위를 둘러쌌다. 오르페우스의 아름다운 리라 선율에 맞춰, 하객들은 이 행복한 부부에게 밀알을 뿌리고 기쁨과 사랑의 노래로 축복해 주었다.

결혼식이 끝나자마자 아레테는 빨리 남편에게로 돌아갔다.

아레테는 기쁜 마음으로 남편에게 이 소식을 알렸다.

"이아손과 메데이아는 바로 얼마 전에 결혼했답니다."

알키노오스가 대답했다.

"그 대답을 들으니 기쁘오. 난 그 두 젊은이가 좋았거든. 그리고 그들의 행복이 깨지는 것을 원치 않았다오."

그래서 코르키스 군대는 황금 양털도 메데이아도 데리고 갈 수 없었다. 그들은 빈손으로 돌아가면 어떻게 될지를 알고 있었기 때문에 집으로 가지 않았다.

어떤 이들은 이 섬에 머물면서 알키노오스 군대에 들어갔다. 또 몇몇은 알키노오스가 자신들의 요청을 들어 주지 않은 것에 화가 나서 다른 곳으로 가다가 뒷날 '압시어티데스'라고 불리게 된 달마시안 해변의 섬에 정착하게 되었다.

코르키스 사람들의 감정이야 어떻든, 아르고선 대원들은 결과에 크게 기뻐했다. 그들은 알키노오스에게 받은 풍성한 선물과 물자에 감사하며 배를 타고 항구를 빠져나왔다.

이제 그들은 익숙한 바다에 있었기 때문에 기쁜 마음으로 노를 열심히 저었다. 배는 꾸준히 고향 항구를 향해 항해했다. 배는 곧 그리스 남쪽 해안에 도착했다. 거기서 펠로폰네소스를 빙 돌아서 아티카 해변을 지난 다음 북쪽으로 계속 올라가면 마침내 이올코스 만이었다. 이제 거의 다 온 것이다. 제우스가 이아손과 메데이아를 용서하고 아르테미스의 분노가 가라앉기만 했다면 더 이상의 문제는 없었다.

하지만 과연 그럴까? 아니었다. 신들은 아르고선 대원들을 가지고 가장 잔인한 놀이를 즐기고 있었다. 신들은 의도적으로 아르고선을 집 가까이까지 다다르게 해서 모두를 설레게 했다. 이아손은 자기의 손끝으로 메데이아에게 자신의 아버지 집 굴뚝에서 나오는 연기를 가리켜 주기까지 했다.

그러나 진정한 고생은 그때부터 시작되었다. 소름 끼치는 소용돌이가 일어 돛을 둘로 찢었고 돛대를 부러뜨렸으며 거대한 파도가 키의 손잡이를 둘 다 부수었다. 성난 태풍이 만으로 들어선 아르고선을 저 먼 망망대해로 다시 끌고 나갔다. 이제 아르테미스는 제우스의 지지 아래 자신의 복수를 본격적으로 시작하고 있었다.

사막에서

아르고선은 9일 동안 폭풍우에 시달리다가 육지에 닿았다. 그곳은 아프리카 해안이었다. 아르고선이 높고 건조한 리비아의 사막에 닿자 바람이 좀 가라앉았다. 뼛속까지 지치고 처절하게 배신당한 대원들은 황량하고 삭막한 해안가에서 비틀거렸다. 이올코스는 다시 한번 멀어진, 잡을 수 없는 꿈이 되어 버리고 말았다.

하지만 그런 엄청난 폭풍우 다음에 이렇게 해안가에 던져지게 된 것도 그나마 다행이었다. 밤이 되자 모두들 피곤에 지쳐 깊고도 깊은 잠 속으로 빠져들었다.

아침에 대원들은 타는 듯한 햇살 때문에 눈을 떴다. 매우 이른 아침이었는데도 열기가 후끈거렸다. 그들은 주위를 둘러보고는 가슴이 천근만근 내려앉았다. 어디를 보아도 오로지 모래 언덕뿐이었다. 단 한 포기의 풀도 보이지 않았고, 심지어 어딘가에 비가 떨어졌다는 흔적을 보여 주는 말라 버린 풀도 눈에 띄지 않았다.

대원들은 깊은 절망에 빠지고 말았다. 오직 이아손만이 용기를 잃지 않았다.

이아손이 말했다.

"동지 여러분, 들어 보십시오. 우리는 많은 시련을 겪었고 이번의 경우도 그 가운데 하나에 지나지 않습니다. 만약 절망이 우리를 지배하게 놔두면 우리의 뼈를 이 사막에 묻게 될 것입니다. 우리는 배를 물 밖으로 끌고 나와서 돛을 꿰매고 돛대를 고치고 많은 곳을 손보아야 합니다. 하지만 모든 것이 오늘 밤 안에 완성되어야 합니다. 여기 더 있게 되면 우리는 곧 목말라서 죽을 것입니다."

이아손의 말은 영웅들에게 다시 한번 싸울 의지를 주었다. 다른 모든 시험처럼 이 시험도 해낼 수 있다고 확신한 그들은 아르고선을 해안에서 끌어올렸다. 그리고 뜨거운 해와 발바닥을 달구는 뜨거운 모래에 상관하지 않고 일하기 시작했다.

밤이 되었을 때 모든 것이 준비되자 이아손이 말했다.

"내일 우리는 배를 출항시켜서 여기를 떠나야 합니다."

하지만 메데이아가 반대했다.

"신들이 우리의 길을 다시 막지 않겠다는 약속을 받지 않고서는 출항할 수 없습니다. 지금까지 우리는 행운만을 믿어 왔습니다. 하지만 그것만으로는 충분하지 않아요."

이아손이 대답했다.

"당신 말이 맞소. 하지만 어떻게 할 수 있겠소?"

"노력하면 길이 보일 거예요."

모든 대원이 잠들어 있는 동안 이아손과 메데이아는 사막을 헤매고 다녔다. 한참을 다니다 보니 바다 쪽에서 여자들의 목소리가 들려왔다. 그들 앞에는 낮은 모래 언덕이 있었다. 그 꼭대기로 올라가서 보니, 달빛 아래에서 하얀 옷을 입은 세 명의 아가씨가 춤추며 노래하고 있었다.

"사막 한가운데인데 도대체 어디서 저 여자들이 나타난 것일까?"

이아손은 이해가 되지 않았다.

메데이아가 말했다.

"리비아의 딸들일 거예요. 저들은 야생의 요정이고 많은 것을 아는 지혜로운 이들이죠."

메데이아는 용감하게 아래로 뛰어내려갔다. 이아손은 조금 망설이면서 그녀 뒤를 따라갔다.

요정들은 그들을 보고는 춤을 멈추었다. 그리고 메데이아와 이아손이 가까이 오자 그 가운데 한 명이 물었다.

"저기 모래 위에 있는 게 당신들의 배인가요?"

메데이아가 대답했다.

"예, 그렇습니다. 끔찍한 폭풍우가 우리를 이 해안가로 끌고 왔답니다."

그 처녀가 대답했다.

"그렇다면 당신들은 어떤 여신을 모욕해서 분노를 산 것이군요."

메데이아가 계속 말을 이었다.

"그럼 우리가 이곳에서 어떻게 벗어날 수 있는지 알려주실 수 있나요?"

아르고선을 어깨에 메고

"예, 우리는 압니다. 말해 드리겠습니다. 당신들은 바다의 여신인 암피트리테가 그녀의 하얀 말의 고삐를 푸는 것을 볼 때까지 기다려야 합니다. 그래야만 당신들의 항해를 계속할 수 있습니다. 그리고 또 하나, 그전에 당신들은 지금까지 배가 당신들을 위해 해온 일을 해야 합니다. 이런 식으로 세상의 끝이 나올 때까지 가야 합니다. 그 길은 무척 험난하고 힘들 것입니다. 하지만 그렇게 해야 당신들이 화나게 한 여신의 마음을 누그러뜨려 집으로 돌아갈 수 있을 것입니다."

세 명의 요정은 이렇게 말하고는 다시 한번 손을 잡고 춤을 추며 사라졌다.

이아손과 메데이아는 신기함에 서로를 쳐다보고는 동료들을 깨우러 달려갔다. 하지만 아무도 이 이상한 메시지를 믿을 수가 없었다. 그럼에도 불구하고 그들은 혹시 암피트리테가 그녀의 말의 고삐를 푸는 것을 볼 수 있을까 하고 바다를 바라보면서 밤을 지새웠다.

안카이오스가 말했다.

"지금 시간 낭비를 하고 있어요. 아무도 포세이돈의 아내를 본 자는 없어요. 그렇다면 우리가 그녀를 볼 기회가 과연 있을까요? 더더군다나 암피트리테에게 말이 있었던 가요. 그리고 또 그건 무슨 뜻이지요? 아르고선이 지금껏 우리를 태우고 항해했듯이 이제 우리가 그처럼 한다는 말은 배를 어깨에 메고 다녀야 한단 말입니까. 배가 우리를 태우고 다녔던 그 오랜 시간만큼 말입니까. 말도 안 되는 이야기입니다."

하지만 그의 말이 채 끝나기도 전에 모래에서 일어난 거품이 이는 파도에서 두 마리의 하얗고 멋진 말이 나왔다.

메데이아가 미소 지었다.

"보세요, 요정들이 맞았어요. 암피트리테가 자기 전차의 말들을 풀어 놓았네요!"

이아손이 말했다.

"하지만 이제 어떻게 하죠? 정말 안카이오스가 말한 것처럼 우리가 아르고선을 어깨에 짊어지고 세상 끝까지 가야 한단 말인가요?"

몹소스가 대답했다.

"우리는 바로 그렇게 해야 합니다. 우리 능력의 한계까지 밀고 나가야만 아르테미스의 마음을 달래 줄 수가 있습니다."

대원들은 이 시험을 위해 마음을 단단히 먹었다. 그러고는 튼튼한 팔로 배를 들어 올려서 어깨에 올려놓았다. 이제 끔찍한 행진이 시작되었다. 대원들의 발은 뜨거운 모래에 푹푹 빠졌다. 걷는 동안 땀은 비 오듯 흘렀다. 봄 햇살이 따갑게 내리쬐었지만 계속 걸었다. 무시무시한 6일이 그렇게 흘렀다.

바다가 나타났다. 배를 띄울 수 없는 상황에서 가장 잔인한 바다가 바로 그들 곁에 있었다. 바다는 그들을 비웃듯 잔잔하게 흐르고 있었다.

보레아스의 아들들이 불평했다.

"배를 물 위에 띄웁시다. 우리가 지금 하는 것은 정말 멍청한 짓입니다."

이아손이 대답했다.

"신들은 우리가 이렇게 배를 어깨에 짊어지고 가기를 원합니다."

"이 세상 끝까지 말입니까?"

이아손은 그들의 말투가 마음에 들지 않았다.

"우리 모두가 고통받고 있습니다. 하지만 당신들만 불평하는 것 같군요."

창피해진 제테스와 칼라이스는 숙연해졌다.

다음 날 마실 물이 바닥났다. 하지만 그들은 계속 걸어갔다. 그러나 메데이아는 더 이상 한 발자국도 뗄 수가 없어서 모래에 쓰러졌다. 이아손은 메데이아를 일으켜 세우기 위해 그녀 곁으로 갔다.

메데이아가 헐떡거리며 말했다.

"혼자 가세요. 여기가 내 여정의 끝이에요."

이아손은 그녀를 두 팔로 안았다. 그리고 메데이아가 조금 정신을 차리자 그녀 혼자 걷게 하고 자신은 다시 배를 메었다. 하지만 메데이아는 다시 모래 위에 쓰러졌고 그러면 이아손은 아르고선을 떠나서 그녀를 도우러 왔다. 이렇게 하루 종일 반복되었다.

다음 날 아침, 그들에게 남아 있던 마지막 식량까지 다 먹어버렸다. 배고픔, 목마름, 피곤함이 그들의 시험을 더 가혹하게 만들고 있었다.

메데이아는 시체처럼 모래에 완전히 쓰러져 버렸다.

제테스와 칼라이스는 다시 한번 으르렁댔다.

"마녀는 그냥 두고 갑시다. 이 모든 것이 그녀 책임이지 않소!"

착한 마음씨를 가진 에우페모스가 그들의 말에 화를 버럭 냈다.

"차라리 우리를 두고 떠나지 그러시오. 여기서 날개 달린 이는 당신들 둘뿐이지 않소?"

제테스와 칼라이스는 창피함에 고개를 숙였다. 그들이 메데이아를 증오하는 것은 사실이었지만 그렇다고 동료들을 버린다는 것은 절대 있을 수 없는 일이었다.

그리하여 그들의 이 기나긴 고문의 행렬은 이아손이 메데이아를 안은 채 계속되었다. 해가 하늘 높이 치솟으면서 열기는 한계를 넘어섰다.

이아손은 휘청했고 메데이아와 함께 쓰러져 모래 바닥에 얼굴을 파묻었다. 그 혼자서 자신의 짐을 아무 불평 없이 짊어져 왔고 이제 그의 힘은 바닥났다.

이아손이 말했다.

"친구들, 어서 가시오. 우리는 여기에 있겠소. 이것이 신의 뜻입니다."

제테스와 칼라이스는 증오하는 눈빛으로 메데이아를 노려보았다. 그들이 막 뭔가를 말하려는 순간 에우페모스가 그들 앞으로 나서며 말했다.

"조용히 하시오!"

그러고는 이아손이 일어나도록 도와준 다음 메데이아를 자신의 어깨에 짊어지고 외쳤다.

"앞으로 갑시다, 동지들!"

또 끔찍한 하루가 지나갔다. 저녁이면 피곤과 목마름과 배고픔에 대원들은 반쯤은 죽은 듯이 모래 바닥에 쓰러졌다. 열한 번째의 해가 떠올랐고 지옥으로의 여행은 계속되었다. 그들은 일어났지만 마치 밤새도록 짐을 지고 있었던 것처럼 너무나 피곤했다. 그들은 멀리 가지 못했다. 해가 하늘 한가운데로 떠올라서 타오르기 시작하자 그들은 모두 무릎을 꿇고 주저앉았다.

많은 이들이 헐떡이며 말했다.

"더 이상 갈 수 없어."

아주 오랜 시간이 흘렀고 아무도 배를 다시 들어 올리자는 말을 하지 않았다. 그들은 바다로부터 멀리 떨어져 있었다.

희망은 보이지 않았다. 그들 옆에는 모래가 끝없이 펼쳐졌다. 그들 위로는 파란 하늘 위에서 뜨거운 태양이 빛나고 있었다. 지친 대원들에게 하늘이 이토록 잔인해 보인 적도 없었다.

세상의 끝에서

해가 지고 있었다. 대원들은 여전히 모래 위에 누워서 각자 이같은 고통을 주느니 차리리 죽여 달라고 기도하고 있었다. 그때 갑자기 린케우스가 소리쳤다.

"해를 봐요!"

"뭔가 보이나요?"

이아손이 물었다. 그의 얼굴은 희망으로 빛났다.

"해를 봐요!"

린케우스는 다시 한번 외쳤다. 그러자 다른 대원들이 모두 무릎으로 서서 서쪽을 쳐다보았다. 하지만 해가 산

뒤로 저무는 것 말고는 아무것도 보이지 않았다.

결국 이아손은 이렇게 말했다.

"내 눈에 보이는 것은 태양 속에 있는 작은 점뿐이에요. 산꼭대기의 검은 점이 태양에 비친 것 같군요."

린케우스가 외쳤다.

"하지만 그 작은 점이 우리에게 이야기하고 있어요! 그대들의 눈에는 별것 아닌 것처럼 보일지 모르겠지만 내 눈엔 아틀라스가 하늘을 어깨에 메고 있는 모습이 보입니다. 용기를 내세요, 여러분! 우리는 지금 세상의 끝에 도착한 것입니다!"

반쯤 죽어 있던 대원들이 어디서 그런 힘이 나서 마른 목으로 기쁨의 외침을 부를 수 있었을까. 어디서 그런 힘이 나서 바로 일어나 아르고선을 어깨에 멜 수 있었을까. 어디서 그런 힘이 나서 밤새도록 태양에 비친 작은 점까지 갈 수 있었을까. 어쨌든 그런 힘이 났다. 희망은 그들에게 날개를 달아 주었다. 무시무시한 고문이 끝에 다다랐다는 소식에 깊은 믿음이 생겼다.

12일째의 동이 트는 날, 그들의 열광은 최고조가 되었다. 멀리 거인의 모습이 보였고 바로 그 앞에는 온갖 나무로 가득 찬 푸르른 정원이 있었으며 나무에는 열매가 주렁주렁 열려 있었다. 가까운 강에서 흐르는 맑은 물소리는 그들의 귀에 하늘의 음악으로 들렸다. 파란 바다도 보였다.

대원들은 배를 어깨에서 내려놓고는 강으로 달려갔다. 그들은 강을 향해 앉아서 얼굴을 물속에 처박고는 마시고 마시고 또 마셨다.

오직 이아손만이 한순간 머뭇거렸다. 그는 먼저 손에 물을 받아서 메데이아의 얼굴에 뿌렸다. 그리고 한 번 더 물을 떠다 그녀에게 주었다. 메데이아의 목마름을 가시게 한 뒤에야 그는 다른 대원들처럼 강에 얼굴을 파묻었다.

목마름의 기나긴 고문은 이제 끝났다

이제 그들에게는 음식이 필요했다. 바로 그때 정원에서 세 명의 아가씨가 먹음직스러워 보이는 과일을 가득 담은 커다란 바구니를 들고 나왔다.

"어서 와서 드세요."

아가씨들은 대원들 앞에 과일이 가득 담긴 바구니를 내려놓았다. 이아손은 가장 맛있는 과일을 메데이아에게 주려고 달려갔다.

더 이상 희망이 없다고 생각했을 때, 그들 앞에 구원의 손길이 나타난 것이다. 이제 그들은 새 생명이 꿈틀거리는 것을 느낄 수 있었다. 메데이아도 기력을 회복했다. 그런데 과일을 준 세 아가씨는 누구일까? 대원들이 의아해 하고 있을 때, 메데이아가 아가씨들을 알아보았다.

"당신들은 헤스페리데스군요. 헤라의 어머니가 어린 헤라를 여기로 데려와서 당신들이 키웠다는 이야기를 들었어요."

그들이 대답했다.

"네, 우리는 헤스페로스의 딸들이며 헤라는 우리의 가장 절친한 친구랍니다. 그녀로부터 당신들이 올 것이라고 들어서 알고 있었어요."

아르고선 대원들은 이 말에 감동받았다. 다른 모든 신들이 그들에게 고통을 겪게 하는데도 헤라만은 계속 그들에게 도움을 주어 그들의 편임을 상기시켜 주었다.

더 감명받은 것은 아틀라스와의 만남이었다. 제우스는 티탄들과의 전쟁에서 이긴 뒤 아틀라스에게 하늘을 떠받치고 있으라고 명령했다. 만약 그가 손을 놓는다면 하늘은 대지로 떨어질 것이다. 아틀라스 덕분에 제우스는 신과 인간들의 세계를 편하게 다스릴 수가 있었다.

대원들이 아틀라스를 불쌍히 여기는 것처럼 아틀라스 역시 그들을 불쌍하다고 느끼고 있었다.

트리톤이 도움을 주다

아틀라스가 말했다.

"세상 끝으로 오는 이들은 아무도 없지요. 그래, 어떻게 여기까지 오게 되었습니까? 배를 짊어지고 여기까지 온 건가요? 하긴 이미 다 알고 있지만 말입니다. 그대들은 투쟁하기에 태어난, 그것도 한 팀으로 투쟁하기 위해 태어난 사람들입니다. 하지만 이곳을 떠나는 것 역시 그리 쉬운 일은 아닐 것입니다. 큰 바다를 다시 찾기 위해서는 트리톤의 도움이 있어야 하오. 만약 이름 모를 바다에서 길을 잃게 될 때도 오로지 그만이 도와줄 수 있지요."

하지만 대원들은 이제 모든 것이 잘 될 거라는 믿음이 있었다. 다음 날 그들은 배를 물 위에 띄우고 다시 출발했다. 그들은 뱃머리를 해가 뜨는 방향으로 돌렸다. 그들은 서쪽 끝까지 밀려와 있었으므로 고향 땅이 있는 동쪽 끝을 향해 끝없이 길을 가야 했다.

하지만 출발한 지 얼마 안 되어서 해안선이 그들을 가로막았다. 그들은 방향을 바꿔 북쪽으로 갔다. 하지만 그쪽도 육지로 막혀 있었다. 몇 번이고 뱃머리를 돌려 항해했지만 번번이 가로막혔다. 결국 그들은 처음 시작했던 곳으로 되돌아왔음을 알아차렸다. 그들이 바다에 떠 있는 게 아니라 아주 거대한 호수와 같은 곳에 갇혀 있다는 사실을 안 것은 해 질 무렵이었다.

안카이오스가 물었다.

"어떻게 여기를 빠져 나갈 수 있을까요? 또 한 번 배를 메고 사막을 건널 수는 없지 않습니까?"

그때 이아손은 아틀라스의 말이 생각났다.

"바다의 신 트리톤에게 도움을 요청해야 합니다."

텔라몬이 지적했다.

"하지만 그 전에 그에게 제를 올려야 합니다. 그런데 동물이 하나도 없군요."

펠레우스는 멜리거를 가리키며 대답했다.

"그리스에서 최고로 뛰어난 사냥꾼이 있지 않습니까? 캘리도니안 멧돼지를 죽였던 사냥꾼 말입니다."

멜리거가 벌떡 일어나며 외쳤다.

"펠레우스, 우리 함께 갑시다. 솔직히 말해서 우리 둘은 막상막하이지 않습니까?"

두 친구는 금세 사슴을 찾아 사로잡아 왔다. 대원들이 제단을 만들어 트리톤에게 사슴을 바쳤다. 그들은 계속해서 바다로 갈 길을 알려 달라고 기도했다.

기도를 마치기 전에 그들은 나팔 소리를 들었다.

트리톤이 물살을 가르며 소라 나팔을 불면서 다가오고 있었다. 겉모습은 신이라기보다는 평범한 젊은 청년 같았다. 모든 바다 사람들이 그렇듯이 몸이 밤색으로 짙게 그을려 있었다. 한 손에는 나팔을, 다른 한 손에는 흙 한 줌을 쥐고 있었다. 트리톤은 아르고선 대원들을 둘러보다가 에우페모스에게 가서 자신이 쥐고 있던 흙 한 줌을 주며 말했다.

"이건 자네를 위한 것이네. 그리고 당신은 이것을 받을 만해."

대원들이 의아해하는 눈으로 그 광경을 지켜보고 있었다. 흙 한 줌이 무슨 가치가 있단 말인가? 그런데도 에우페모스는 기뻐하며 그 선물을 받았다. 흙 한 줌이면 어떻단 말인가? 신으로부터 받는 선물이라는 게 더 중요하지 않은가?

트리톤이 말했다.

"자, 이제 모두들 배에 올라타고는 나를 따라오십시오."

대원들은 배에 올라서 노를 저었다. 트리톤이 그들 앞에 섰다. 그는 어느새 진짜 모습으로 변신해 있었다. 하반신은 돌고래와 같아서 낫 모양의 거대한 꼬리까지 갖고 있었다. 대원들은 변신할 수 있는 능력을 갖춘 트리톤이라면 자신들을 호수 밖으로 나가도록 도와줄 수 있을 거라고 믿었다.

그러나 그들은 트리톤이 빠른 속도로 해안을 향해 헤엄쳐 가는 것을 보고는 실망했다. 그쪽으로 가다 보면 또다

시 물 위로 올라갈 것이었기 때문이다. 그들은 불안한 나머지 노를 꽂아 두고 잠시 배를 멈춰 세웠다.

하지만 트리톤은 계속 따라오라는 시늉을 했다. 그 이유는 곧 밝혀졌다. 그들의 눈앞에서 기적이 일어나고 있었다. 트리톤이 움직이는 대로 그 앞에서 땅이 사라지고 물길이 생기고 있었기 때문이었다. 그래서 배는 갈라진 땅을 양옆으로 하고는 넓고 커다란 바다가 나올 때까지 항해했다.

바다가 나오자 트리톤은 멈췄고 그들에게 안전한 여행을 기원했다. 그러고는 지나쳐 온 길로 돌아갔다. 트리톤이 다시 호수를 향해 헤엄쳐 가자 갈라졌던 땅들이 다시 합쳐졌다. 이 땅에 둘러싸인 곳은 바다 왕의 왕국으로 알려져 있는데, 그때문에 이 지역의 호수 이름은 '트리토니스'다.

대원들은 자신들을 구해 준 트리톤에게 감사하며 동쪽으로 항해했다. 이제 모든 게 그들의 편이었고 적당한 바람이 아르고선을 그리스 쪽으로 밀어 주고 있었다. 타는 듯한 사막에서의 시련을 겪은 그들은 아무런 장애물도 나타나지 않는다는 것이 믿어지지 않았다. 그들은 그렇게 그리던 고향으로 향하고 있었다.

청동 거인과의 만남

며칠 안 되어서 육지가 나타났다. 대원들은 환호성을 지르며 지평선 쪽에서 높은 산들을 바라보았다. 낯익은 크레타의 산봉우리였다. 2~3일 뒤면 이올코스에 도착할 수 있었다. 하지만 물자가 바닥났기 때문에 잠시 정박하지 않을 수 없었다.

그들은 배를 정박시킬 곳을 찾았다. 그때 갑자기 거대한 돌덩어리가 굴러 내려와서 아르고선 바로 옆의 물속으로 빠졌다. 만약 배 위에 정통으로 떨어졌더라면 아르고선은 산산조각 나고 말았을 것이다. 대원들은 산을 올려다보았다. 청동 거인이 또 다른 돌덩이를 아래로 굴리려 하고 있었다. 안카이오스는 급히 키를 움직여 두 번째 바위를 아슬아슬하게 피할 수 있었다.

대원들이 외쳤다.

"왜 우리한테 돌을 던지는 거지? 우리는 해적이 아니야.

제우스의 이름으로 맹세컨대, 우리는 마실 물과 물자를 조금 원할 뿐이야. 더 이상 아무것도 원하지 않아."

메데이아가 알려 주었다.

"저 괴물은 크레타의 수호자인 청동 거인 탈로스이고, 제우스에 대해 알지 못합니다. 그는 잠을 자지 않으며 끊임없이 섬 주변을 돌고 있습니다. 바닷가에 정박하려는 배에 돌덩이를 던져 박살 내 버리지요. 그는 해적이든 평화로운 항해자이든 가리지 않습니다. 그에게 동정을 바라기보다는 뭔가 다른 방법을 생각해 봐야 합니다. 만약 그를 속이는 데 성공하지 못하면 우리는 끝장입니다. 아, 생각났어요. 그를 불러서 포도주를 주겠다고 말하는 건 어떻겠어요?"

대원들은 어리둥절해서 서로를 멀뚱멀뚱 쳐다보았다. 왜냐하면 배 위에 포도주라고는 한 방울도 없었기 때문이었다.

하지만 이아손은 곧 메데이아가 짜내고 있는 계획을 알아차리고 탈로스에게 소리쳤다.

"우리에게 물을 주면 세상에서 가장 맛있는 포도주를

주겠소!"

'포도주'라는 말을 듣자마자 탈로스는 던지려던 돌덩이를 내려놓고 그들에게 가까이 오라고 손짓했다.

그러는 동안, 메데이아는 커다란 컵에 물과 진한 향수를 섞은 다음 거기에 강력한 수면제를 탔다.

탈로스의 죽음

대원들은 바닷가에 내려서 탈로스 가까이로 갔다. 그의 얼굴은 야만적이었고 거대한 몸은 세월에 시달린 청동같이 녹색을 띠고 있었다. 그와 싸우겠다고 생각하는 것 자체가 어리석은 행동이었다. 왜냐하면 그는 발뒤꿈치만으로도 아르고선 대원 한두 명쯤은 납작하게 만들 수 있었기 때문이다.

메데이아는 탈로스 앞으로 용감하게 나가 컵을 건네 주었다. 모두 그녀의 목숨을 걱정했지만 메데이아는 이 괴물을 알기 때문인지 아주 침착하게 서 있었다. 탈로스는 먼저 술의 향을 맡아 보았다. 그런 다음 혀를 내밀어 맛을 보았다. 모든 대원이 숨을 죽이고 그가 마시기를 기다리고 있는 동안 그는 천천히 그들 한 명 한 명씩을 쳐다보았다. 마치 마실 생각이 전혀 없는 것 같았다. 그뿐만이 아니라 갑자기 사납게 변하더니 고함쳤다.

"자, 이제 너희들은 죽었다. 내 발아래에 왔으니 일 분

뒤면……."

모두 이게 마지막 순간이 되겠구나 하고 생각하고 있는데, 탈로스는 컵을 높이 들더니 한입에 꿀꺽 마셔 버렸다. 그는 아주 편하다는 듯이 만족스러운 표정을 지었다. 탈로스는 컵을 던져 버리고 새의 발톱과도 같이 날카로운 손을 대원들에게 뻗쳤다.

메데이아의 약효가 조금 빨랐다. 탈로스의 무릎이 구부러졌다. 바위를 붙잡았지만 더 이상 몸을 지탱할 수가 없다. 청동 거인은 바닥에 쓰러져 넓은 밭을 덮어 버렸다. 황소가 하루종일 갈아야 할 만큼 드넓은 면적이었다.

메데이아는 곧 탈로스의 약점을 발견했다.

"발뒤꿈치의 저 마개를 빼내세요!"

메데이아가 탈로스의 코 고는 소리 너머로 이아손에게 외쳤다.

그 마개는 포도주 드럼통처럼 탈로스의 혈관을 막은 것이었다. 이아손이 마개를 뽑아내자 색깔 없는 액체가 분수처럼 하늘을 향해 치솟았다.

탈로스의 피가 빠져 나오는 것이었다. 탈로스의 코 고

는 소리가 점점 작아지고 액체의 분수가 약하게 흐르더니 그의 마지막 숨이 끊겼다. 절대로 자지 않던 거인 탈로스는 이제 다시 눈을 뜨지 못하게 된 것이었다.

이제 자유롭게 된 아르고선 대원들은 원하던 물을 찾았다. 그리고 이미 늦었기 때문에 해변가에서 자고 새벽녘에 출항했다.

검은 바위들

여행은 순조로웠다. 하지만 밤이 된 뒤에 그들은 끔찍한 경험을 했다. 별빛을 따라 항해하는데 아주 이상한 일이 벌어진 것이다. 별들이 조금씩 빛을 잃기 시작하더니 끝내는 칠흑 같은 어둠으로 바뀌어 뭔가 끔찍한 일이 벌어질 것만 같았다.

배를 밝히던 등마저 흔들거리더니 꺼져 버렸다. 그들은 계속 불을 켜려고 했지만 소용없었다. 불을 다시 켤 수 없었던 것은 물론이고 불꽃조차 만들어 내지 못했다.

그들은 도대체 무슨 일이 일어나고 있는 것인지 상상할 수가 없었다. 아무것도 보이지 않았기 때문에 어디로 가는지도 또 어떤 장애물과 충돌하게 될지도 알 수 없어 노젓기를 중단했다. 바람 한 점 없었고 배 주위에서는 아무런 소리도 들리지 않았다. 자신들이 어디에 있는지 또 무슨 일이 일어날지 전혀 모르면서 그들은 암흑 속에 앉아 있었다.

구름 뒤의 별까지 볼 수 있는 린케우스마저 아무것도 분간해 낼 수 없었다. 만약 북극성이 어디 있는지만 찾아낼 수 있다면 그들을 이 저주받은 어둠으로부터 벗어나도록 안내해 줄 수 있었을지도 모른다. 하지만 이런 상황에서는 그도 어쩔 도리가 없었고 오직 죽음에 대한 차가운 두려움이 그들의 마음을 엄습해 왔다.

누군가가 속삭였다.

"아직 바다에 있는 걸까? 혹시 타르타르스에 있는 게 아닐까?"

또 다른 이가 말했다.

"어쩌면 지금 스틱스강을 통해 하데스의 나라로 실려가고 있는지도 몰라."

세 번째 사람이 이렇게 말했다.

"신들은 우리를 용서한 적이 없어. 이제 다시는 빛을 볼 수 없게 될지도 몰라. 우리는 영원토록 먹물 같은 어둠 속에서 살게 될 거야."

대원들은 계속해서 이런 침울한 이야기만을 하고 있었다. 그때 이아손은 밤을 쫓아내는 아폴론 신만이 이런 위기에 도움이 될 거라는 생각이 들었다.

이아손은 큰 목소리로 경건하게 외쳤다.

"오, 위대한 빛의 신이시여!"

하지만 말을 더 잇기도 전에 자신의 목소리가 메아리가 되어 돌아왔다.

"오, 위대한 빛의 신이시여!"

어둠 속에서 돌아온 메아리는 모두에게 소름을 돋게 했다.

'우리는 분명 하데스의 나라로 내려온 거야.'

대원들은 이렇게 생각하면서 절망에 빠졌다.

하지만 이아손은 포기하지 않았다.

"오, 빛을 나눠 주시는 아폴론이시여! 레토와 제우스 님의 아들이시여! 이 무서운 밤에 당신의 빛을 내려 주시고 당신을 숭배하는 자들에게 희망의 선물을 주십시오!"

이아손의 말은 메아리가 되어 울리고 또 울렸다. 그때 갑자기 한 줄기 황금빛이 어둠을 갈랐다. 대원들은 모두 이 빛이 오는 곳을 바라보았다. 커다란 검은 덩어리 위에 아폴론이 빛을 내뿜으면서 어둠을 가르고 있었다.

대원들은 주위를 둘러보았다. 자신들이 하데스 나라에 있는 게 아니라 두 개의 산만한 바위 사이에 있다는 것을 알 수 있었다. 비록 하데스 동굴 속은 아니었지만 결코 안전한 길이 아니었다.

몹소스가 경고했다.

"검은 바위들입니다. 누구든지 이들 사이에 갇혀 출구를 찾아 내지 못하면 하데스의 나라로 곧장 갈 거라고 하지요."

이다스가 물었다.

"그러면 누가 우리를 다시 원래 길로 데려가 줄 수 있을까요?"

"아폴론!"

아폴론 신이 팔을 들어 그들에게 올바른 길을 보여 주

고 있는 것을 본 이아손이 대답했다.

대원들은 즉시 노를 잡고 아폴론이 가리키는 방향으로 노를 젓기 시작했다. 그리고 얼마 안 있어서 그들은 그 끔찍한 어두운 통로를 빠져나올 수 있었다. 모두들 안도의 한숨을 쉬었다.

그들 앞에 황금빛으로 불이 밝혀진 섬이 나타났다. 대원들은 섬을 향해 달려갔다. 자신들을 구해 준 신에게 빨리 감사의 표시를 해야 했기 때문이었다.

그들은 해변가의 동굴 안에 아폴론을 위한 신전을 짓고는 그것을 '밝은 빛의 아폴론 신전'이라고 불렀다. 이는 아폴론이 그들에게 보여 준 광채를 기념하기 위함이었다. 그리고 아폴론을 기리기 위해 체육 대회를 열었고 오르페우스는 리라를 연주하며 신에게 노래를 바쳤다.

아르고선 대원들이 처음 만들어 놓은 이 풍습은 초기 기독교 시기까지도 유지되었다. '아나페'라는 섬의 이름은 그리스어로 '갑자기 이아손과 그 일행에게 불이 밝혀졌다.'라는 뜻이다.

에우페모스에게 내린 상

검은 바위는 집으로 가는 여정의 마지막 모험이었다. 하지만 아직도 다른 종류의 놀라움이 그들을 기다리고 있었다. 에우페모스는 갑자기 트리톤이 자신에게 준 흙 한 줌이 생각났다. 그것을 손에 들고서는 이상한 듯이 쳐다보면서 이아손에게 말했다.

"자네는 황금 양털을 가지고 왕이 되기 위해 집으로 돌아가고 있고, 나는 흙 한 줌을 가지고 돌아가고 있군. 이게 과연 무슨 뜻일까?"

이아손이 대답했다.

"에우페모스, 아무도 자신이 왕이 될 운명인지 거지가 될 운명인지는 모르는 걸세. 키르케는 신들이 나를 절대로 용서하지 않을 거라고 했네. 하지만 신은 자네에게 한 줌 흙일망정 선물을 주지 않았나."

"자네는 마치 내게 왕국이라도 주어진 것처럼 이야기하는군. 이건 그냥 흙 한 덩어리일 뿐이야, 이아손. 내가 던져 볼 테니 무슨 일이 일어나는지 보세."

에우페모스는 이렇게 말하고는 흙을 바닷속으로 던

졌다.

물에 들어간 흙덩이는 사라지거나 파도 속으로 가라앉지도 않았다. 대신 자꾸자꾸 부풀어 오르고 늘어나서 작은 섬이 되었다. 이 작은 섬은 계속 자라나서 커다란 섬이 되었다. 그리고 그 섬에는 식물과 꽃, 나무, 숲, 밀밭 그리고 포도원이 생겨났다. 그다음에는 아름다운 도시가 생겨났고 사람들로 가득 찼다. 마지막으로 백성들은 아르고선이 정박한 바닷가로 나와서 외쳤다.

"우리의 왕이 오셨다! 에우페모스 님, 환영합니다! 에우페모스 왕 만세!"

공평하고 마음씨 착한 에우페모스는 트리톤에게 선물 받은 흙 한 줌 덕분에 새 섬의 주인이 되었다.

아르고선이 그 해변으로 멀어질 때, 이아손은 메데이아에게 말했다.

"에우페모스는 자신에게 걸맞은 상을 받은 것이오. 그는 우리 중에서 가장 진실하고 공평한 자였어. 혹시 우리들도 우리가 겪은 어려움과 고난에 대한 보상을 받을 수 있을까?"

메데이아가 대답했다.

"이아손, 그렇지 않을 것 같아요. 아르고선 원정 모험의 상은 이미 수여식을 끝낸 거예요. 에우페모스가 그 승자이지요!"

"에우페모스의 행운에 그런 뜻이 있단 말이오? 그렇다면 지금 우리가 펠리아스가 내놓은 조건을 달성했는데도 이올코스의 왕좌를 차지할 수 없다는 말씀이오?"

"우리가 갖고 싶은 것과 우리에게 주어지는 것은 일치하지 않습니다. 이올코스의 왕좌는 법적으로 당신 것이지요. 하지만 지금은 그 문제보다 신들이 더 이상 우리를 쫓아오지 않게 해 달라고 비는 것이 급합니다."

"그렇다면 당신은 신들이 아직도 우리를 쫓을 거라고 생각하는거요?"

"그 가능성을 배제할 수 없어요. 하지만 더 이상 바다 위에서의 시련은 없겠지요. 상이 이미 주어졌다는 것은 아르고선의 항해가 끝나 간다는 것을 뜻하니까요."

이아손은 씁쓸했다. 이올코스에 곧 도착하게 될 거라는 희망은 어쩌면 신들이 아직도 그들에게 복수를 다하지 못했을지도 모른다는 불길함에 완전히 가려졌다. 하지만 그들에게는 헤라가 있었고 또한 펠리아스도 그들이 황금 양털을 가져오면 왕좌를 내놓겠다고 약속했다. 적어도 그것은 확실했다.

순탄한 항해를 계속한 끝에 아르고선은 이올코스 만으로 들어섰고 곧 도시의 건물이 시야에 들어왔다.

대원들은 도시를 보자마자 가슴이 세차게 뛰었다. 얼마나 많은 위험을 겪고 또 얼마나 여러 번 죽음의 문턱까지 갔던가! 얼마나 오랫동안 집과 사랑하는 이들로부터 떨어져 있었단 말인가!

하지만 이제 그들은 성공하여 인류에게 행복을 가져다준다는 황금 양털을 가지고 돌아가고 있었다. 그렇지만 정말 행복이 올까? 대원들은 미심쩍었다. 세상을 지배하는 신들은 그들을 매몰차게 추적했었다. 그들에게 행운의 징표라는 황금 양털이 있었는데도 말이다. 이건 과연 무슨 뜻일까?

하지만 지금은 그런 불안한 생각을 할 때가 아니었다. 어쨌든 그들은 세상에서 가장 불가능한 일을 해냈다. 비록 신들이 그들 앞에 엄청나게 어려운 장애물을 놓았는데도 성공적으로 항해를 마치고 집으로 돌아가게 된 것이다. 3년 3개월이 지났다. 그리고 이제 고대했던 그 위대한 시간이 찾아온 것이다.

아르고선은 돛대에 자랑스럽게 황금 양털을 매단 채, 이올코스항으로 들어섰다. 엄청난 수의 군중이 그들을 마중 나와 있었다.

감격하여 말을 잃은 대원들은 그저 모여든 군중을 바라볼 뿐이었다. 오르페우스도 노래를 하기 위해 리라를 연주했지만 더 이상 할 수가 없었다. 멋진 승전가를 부르고 싶은 마음이 굴뚝 같았지만 목이 메어 목소리가 갈라졌고 손가락이 떨렸다. 아르고선 대원들은 눈망울이 촉촉해져서 배를 부두에 대고는 밧줄을 던졌다. 잠시 뒤 대원들이 바닷가에 내려서자 그들을 기다리고 있던 사람들이 달려들어 포옹했다. 아르고선이 집에 돌아온 것이다. 대원들의 원정은 드디어 끝났다.

눈물을 참지 못한 이아손은 아버지와 어머니를 안았다. 노부모에게 얼마나 힘든 시간이었던가! 3년을 하루같이 아르고선이 오지 않나 하고 수평선을 바라보았을 게 아니었던가!

  이아손이 말했다.

  "하지만 이제는 다 끝났어요. 우리는 황금 양털을 가져왔고 이제 우리들만이 아닌 모두를 위한 행복이 넘칠 거예요."

  아, 하지만 슬프게도 그러지를 못했다.

이루지 못한 꿈

펠리아스, 이아손의 죽음을 명하다

펠리아스는 궁전에서 아르고선이 이올코스 항으로 들어오는 것을 보면서도 자신의 눈을 믿을 수가 없었다.

"저기 돛대에서 햇빛을 받아 번쩍이는 게 뭐지? 설마 황금 양털은 아니겠지?"

그는 심기가 매우 불편하여 스스로에게 물었다. 하지만 얼마 뒤 병사 하나가 헐레벌떡 달려와서 그것이 진짜 황금 양털이라고 보고했다. 죽으라고 보낸 이아손이 멀쩡히 다시 돌아왔을 뿐만 아니라 황금 양털도 가지고 온 것이다. 불가능한 임무는 이루어졌다. 약속된 보상은 이올코스의 왕좌였다.

이제 펠리아스는 어떻게 해야 할 것인가? 그러나 어떻게 할 것인지 결정하는 데는 시간이 많이 걸리지 않았다.

다음 날 이아손과 아홉 명의 아르고선 대원들이 궁궐로 들어갔을 때, 펠리아스는 이미 답을 가지고 그들을 기다리고 있었다.

그는 이아손에게 인사를 했다.

"용감무쌍한 행동이 네게 왕국을 주었구나. 나는 지금 내 일들을 정리하는 중이다. 그리고 며칠 뒤면 왕좌를 자네에게 전해 줄 수 있을 것이다."

대원들은 펠리아스가 순순히 왕좌를 내놓겠다는 말에 놀라기는 했지만 그의 제안이 거짓임을 아무도 눈치채지 못했다.

이아손의 마지막 동료가 이올코스를 떠나자마자, 펠리아스는 이아손의 집으로 암살자를 보내 아들과 아버지를 모두 죽이라고 명령했다. 하지만 이아손과 마주치기를 원하지 않았던 암살자들은 집 밖에 숨어서 그가 외출하기를 기다렸다.

이아손이 집으로 돌아왔을 때 가슴을 찢는 듯한 울음소리가 들렸다. 어머니의 목소리였다. 문을 열고 보니 아버지가 싸늘한 시체가 되어 누워 있었다. 비극은 계속되었다. 아들마저 펠리아스에게 죽게 될 거라고 생각한 어머니가 고통을 견디지 못하고 목을 매단 것이다.

이아손과 메데이아는 복수를 맹세했다.

메데이아가 말했다.

"펠리아스는 죽어야만 합니다. 그리고 이 일에는 내 마법의 힘이 필요해요."

다음 날 메데이아는 펠리아스의 딸들을 찾아가 말했다.

"이아손과 저는 당신의 아버지와 화해하고 싶습니다. 그리고 우리가 얼마나 좋은 친구가 되기를 원하는지 보여주는 차원에서 이 세상 그 누구도 받을 수 없는 귀한 선물을 주겠어요. 내 마법 능력에 대해서는 잘 알고 있을 거예요. 그리고 지금 내가 말하는 것이 불가능해 보이기는 하겠지만 사실이에요. 나는 노인을 다시 젊게 만들 수 있어요. 만약 원한다면 당신의 아버지를 다시 젊게 만들어 줄 수 있어요."

펠리아스의 딸들이 대답했다.

"솔깃하지만 당신을 믿을 수가 없군요. 그 누구도 그런 일을 해 본 사람은 없어요."

"그렇다면 늙은 숫양을 데려와 보세요. 그러면 믿을 수 있게 될 거예요."

그들은 너무나 궁금해서, 혼자서는 서지도 못하는 아주 늙은 숫양을 끌고 들어왔다.

"내가 만약 이 비틀거리는 늙은 양을 어린 양으로 만들면 그대들의 아버지를 젊게 만들 수 있다는 이야기를 믿으실 건가요?"

메데이아는 숫양의 뿔을 잡고 명했다.

"칼을 가져오고 물 한 솥을 끓이세요."

펠리아스의 딸들은 믿을 수 없다는 듯이 서로를 쳐다보면서도 호기심에 못 이겨 메데이아가 요청한 것들을 준비했다. 모든 것이 준비되자, 메데이아는 양을 죽여 물이 끓는 솥단지에 넣었다.

펠리아스의 딸들은 메데이아가 미치기라도 한 듯이 뚫

어지게 쳐다보았다. 그런데 갑자기 끓는 물 안에서 아주 팔팔하고 어린 양이 튀어나오는 게 아닌가. 정말 믿을 수 없는 일이었다. 기적이 일어난 것이었다. 메데이아는 세상에서 가장 위대한 마녀였다.

펠리아스의 딸들은 처음에 믿지 않았던 것에 죄책감을 느끼며 자신들을 용서해 달라고 말했다. 또 어떻게 하면 아버지를 다시 젊게 만들 수 있는지 알려 달라고 애원했다.

메데이아가 미소를 지으며 대답했다.

"아주 간단해요. 방법은 같아요. 내가 필요하지도 않지요. 마법 주문은 이미 되어 있으니까. 당신의 아버지는 처음 이올코스를 다스리던 시절처럼 젊어져서 이 솥단지에서 나올 것입니다."

메데이아의 능력을 인정한 그들은 그 날 밤, 아버지의 침실로 가서 자는 아버지를 죽였다. 그러고는 솥단지 속에 넣었다.

그들은 숨을 죽이고 아버지가 다시 젊어져서 끓는 물에서 튀쳐나오기를 기다렸다. 하지만 헛된 일이었다. 검은 연기가 올라와 구름이 되었지만 펠리아스는 다시 살아나지 않았다. 이아손과 메데이아는 끔찍한 복수를 한 것이었다.

펠리아스가 죽었지만 이아손은 이올코스의 왕이 되지 못했다. 펠리아스의 아들 아카스토스가 왕위에 올랐다. 그도 아르고선의 대원이었고 이아손과 친했지만 자신의 아버지가 죽게 된 까닭을 알고는 너무나 화가 났다. 우정은 사라졌고 그와 함께 펠리아스의 살인적인 부정 행위에 대한 기억도 모두 사라졌다.

아카스토스는 인생의 3년이란 세월을 이아손의 왕권을 찾아 주기 위해 투자했지만 결국 자신이 가져갔다. 이제 이아손과 메데이아는 이올코스에 작별 인사를 하고 다시 한번 아르고선을 출항시켜야 했다.

황금 양털, 행복을 가져오지 않다

그들은 떠나기 전에 오르코메노스로 가야만 했다. 그들은 그곳에 도착해서 라피스티움산에 올라가서 황금 양털을 제우스에게 바쳤다. 감동적인 장면이었다. 바로 그 자리에서 마법의 숫양이 프릭소스와 헬레를 태우고 떠났었다. 이제 그 황금 가죽만이 그 자리로 돌아오게 된 것이었다. 약속은 이행되었지만 거기에는 아무런 보상도 없었다. 황금 양털의 마법의 힘은 사라졌고 그것과 함께했던 모든 희망은 헛된 꿈이 되어 버렸다.

이아손과 메데이아는 라피스티움산을 내려와 바다로 가서 배를 탔다. 그들은 남쪽의 코린토스로 가기로 결심했다. 둘 다 코린토스와 관계가 있었다. 그곳은 시시포스의 후손이자 이아손의 친척인 크레온이 다스리고 있었다.

메데이아의 아버지, 아이에테스 역시 코르키스로 이사하기 전에 코린토스의 왕이었던 적이 있었다. 왜냐하면 그의 아버지인 헬리오스가 이 도시의 수호자였기 때문이었다. 헬리오스의 명령에 따라, 아이에테스는 아크로코린토스 바위 위에 우뚝 서 있는 아프로디테 신전을 짓는 일을 감독하기도 했었다.

아르고선이 이스트마스에 도착하자 이아손과 메데이아는 배를 포세이돈 신전 근처의 모래 위에 정박해 두고 걸어서 코린토스로 갔다.

크레온은 아르고선 원정대의 영웅인 이아손을 따뜻하게 맞이해 주었다. 그와 메데이아에게 궁궐 같은 거처를 마련해 주었다. 이올코스에서 받았던 잔인한 대접에 비하면 이는 신의 축복처럼 느껴졌다.

이아손과 그의 동료들에게 도움을 준 헤라에 대한 감사의 표시로, 메데이아는 아크로코린토스 언덕 위에 헤라의 신전을 세웠다. 고향에서는 헤카테를 섬겼던 마법사 메데이아는 이제 이 높은 산 속 헤라의 신전에서 그녀의 사제가 되었다.

하지만 이는 이아손과 메데이아가 진실로 사랑하는 한 쌍이었던 초기의 행복하던 시절 이야기였다. 그들은 코린토스에서 조용하게 살았고 사랑스러운 아이들을 네 명이나 점지받았다.

하지만 안타깝게도 코르키스의 어느 위험한 밤에 싹텄던 두 사람의 사랑은, 세월과 함께 엷어지고 사그라들었다. 결국에는 재난이 되리라고는 아무도 생각지 않았다.

비극적인 결말

사이가 나빠진 이아손과 메데이아

처음 그들은 작은 다툼으로 가끔 어긋날 뿐이었으므로 아무도 그것에 신경 쓰지 않았다. 하지만 점점 이들의 다툼에는 심각한 요소들이 더해졌다. 메데이아는 자신의 새 나라에서 불편해지기 시작했다. 그녀가 아무리 코린토스 사람들의 환심을 사기 위해 노력해도 그들은 그녀를 이방인으로 여겼으며 더 큰 문제는 그녀를 마녀로 본다는 것이었다.

심지어 코린토스 사람들 가운데에는 나라에 안 좋은 일

이나 자연재해가 있을 때마다 이렇게 속삭이는 사람들이 있었다.

"이건 전부 저 마녀 탓이야. 그녀가 오기 전에는 이런 폭풍우나 가뭄은 없었다구!"

시간이 가면 갈수록 점점 더 많은 사람들이 메데이아를 증오했다. 그래서 메데이아가 그런 불운을 가져다준다고 믿지 않는 사람들까지도 그녀를 친구로 대할 수가 없게 되었다.

모두들 메데이아가 이아손과 다른 대원들에게 얼마나 큰 힘이 되었는지를 까맣게 잊었다. 그녀에게 마법의 능력이 있다는 것만으로도 그녀를 악의 존재로 여겼다. 그리스에는 마녀가 없었다. 그런 족속들은 머나먼 야만 국가의 일이었다. 그들은 메데이아에 대해서 이야기할 때면 그녀의 이름을 부르지 않고 '외국에서 온 마녀'라고 불렀다. 심지어 그녀의 자식들까지도 의심의 눈초리로 보았고 자기 자식들과 어울려 노는 것을 허락하지 않았다. 사람들의 적대심에 영향을 받은 크레온 역시 메데이아를 피했으며 그녀를 빼고 이아손만 궁전으로 초대하기 시작했다.

이런 어려움을 감수해야 하는 것은 메데이아였고 이아손은 아무 생각 없이 계속해서 궁궐을 방문했으며 크레온과 함께 즐거운 시간을 보냈다.

이 부부가 코린토스로 온 지도 10년이 지나갔고 메데이아는 점점 더 불행해졌다. 집 안의 비참한 분위기에 짜증이 난 이아손은 점점 더 많은 시간을 크레온과 함께 궁궐에서 보냈고 밤을 새는 날도 많아졌다.

메데이아는 이제 자신과 아이들의 고립 이외에 남편의 무관심 때문에 더욱 불행해졌다. 그녀는 더 이상 참지 못하고 이아손에게 분노를 계속 표현했다. 이아손은 크레온의 궁궐에서 돌아올 때면 종종 울고 있는 부인을 발견했다.

하지만 이아손은 그녀의 입장이 되어 보려고 노력하기보다는 점점 더 그녀에게서 멀어지고 냉정해졌다. 모처럼 이아손이 집에 있을 때면 그들은 원수처럼 싸움만 했다. 진짜로 아이들만 아니었다면 이아손은 집을 완전히 떠나 버렸을 것이었다.

이렇게 해서 그 머나먼 코르키스에서 밝게 타올랐던 이

들의 사랑은 이제 천천히 재로 변해 가고 있었다. 비극은 그때부터 시작이었다.

글라우케

크레온에게는 '글라우케'라는 젊고 아름다운 딸이 있었다. 이아손이 메데이아의 끊임없는 불평불만으로 점점 더 그녀에게서 멀어질수록 점점 더 글라우케와 함께하는 시간이 늘었다.

어느 날 저녁, 크레온이 이아손에게 말했다.

"이보게, 친구. 보아하니 자네 부인하고는 더 이상 행복하지 않을 것 같네. 그리고 자네를 탓할 수 없다고 생각하네. 모두가 다 증오하는 여자를 어떻게 사랑할 수 있겠나? 특히 지금처럼 글라우케에게 끌리고 있는데 말일세.

내 말을 들어 보게, 이아손. 내가 죽으면 이 왕국을 물려줄 아들이 없다네. 그래서 자네에게 내 딸을 아내로 줄까 하네. 만약 동의한다면 내 왕국의 반을 지금 주고 나머지는 내가 죽으면 자네 것이 될 걸세. 이올코스에서 왕이 되지 못했지만 여기 코린토스에서는 왕이 되는 걸세. 게다가 이 결혼은 오로지 자네를 위해서만 좋은 것은 아니네. 나와 내 딸과 코린토스를 위해 좋은 일이지. 꿀단지의 파리들처럼 아첨꾼들이 글라우케 주위를 떠나지 않지. 그들은 내가 죽으면 내 왕관을 차지하려는 자들이지. 글라우케는 나만큼이나 그들을 질색한다네. 만약 그중에 한 명이 글라우케와 결혼하는 데 성공하면 그녀는 아마 평생 불행할 걸세.

지금 글라우케를 데려가게. 그러면 왕좌는 자네 차지가 될 걸세. 내 제안을 거절할 것이라고는 생각하지 않지만 그래도 자네 생각을 빨리 듣고 싶네."

이아손은 그냥 머리를 숙였다. 크레온이 대답을 기다렸지만 그는 아무 말도 하지 않았다.

"내 제안이 마음에 안 드는가?"

이아손은 아무 말도 하지 않았다. 그는 추억에 잠겼다.

그는 오래전 달 아래에서 메데이아를 기다리고 또 그래서 희망을 얻게 된 때를 회상했다. 자신이 어떻게 황소에게 멍에를 씌우고 또 아레스 밭의 거인 전사들을 싸워 이길 수 있었는지 생각했다. 그리고 어떻게 용을 피해 황금 양털을 가져올 수 있었는지를 생각했다.

이아손은 또한 압시르토스에 대해 생각했다. 아르고선 대원들의 목숨을 구하기 위해 동생을 죽음으로 몰고 갔던 아내에 대해서도 생각했다.

분노에 찬 신들 때문에 그들이 함께 겪어야 했던 끔찍한 시련들을 기억했고, 사막에서 고된 목마름 속에서의 고통을 기억했다. 그리고 그 뜨거운 태양 아래에서 메데이아의 품 안에서 죽기로 결심했던 그때를 기억했다.

이아손은 혼잣말을 했다.

"난 정말 야비한 인간이야."

크레온이 물었다.

"이아손, 왜 대답을 안 하는 거지? 난 자네가 내 제안에 기뻐할 줄 알았네."

이아손은 일어나며 대답했다.

"크레온, 자네에게 감사하네. 하지만 그럴 수는 없네."

그리고 그 길로 궁궐을 떠나서 집으로 갔다.

여러 날 이아손을 보지 못했던 메데이아는 그를 보게 되자 폭발하고 말았다. 그날 저녁 그들은 크게 다투었다.

다음 날 아침, 이아손은 궁궐로 가서 크레온에게 말했다.

"자네의 제안을 받아들이겠네."

두 번째 결혼식

여러 날이 흘렀지만 이아손은 집으로 돌아오지 않았다. 어느 날 아침, 메데이아는 도시가 보통 때보다 좀 더 소란스러운 것을 눈치챘다. 아무도 그녀와 이야기하려 하지 않았기 때문에 왜 시민들이 가장 좋은 옷을 입고 거리를 다니는지 알 수가 없었다.

"내가 모르는 무슨 축제가 있나 보군. 시장으로 가서 무슨 일인지 알아봐야겠어."

메데이아가 도시의 중앙 대로에 도착했을 때 금마차와 깃발을 매단 결혼식 행렬을 보게 되었다.

메데이아는 생각했다.

'왕이 또 결혼을 하나? 그럴 수도 있지. 요즘에는 뭐든지 가능하지.'

메데이아는 옆에 서 있는 사람들에게 물어보고 싶었지

만 모두들 그녀를 이상하게 쳐다보면서 슬슬 피했다.

'왜 이렇게 나를 싫어하는 걸까? 신이시여, 제가 저들에게 도대체 뭘 어쨌죠?'

그녀는 막 떠나려다가 궁금증을 견딜 수 없었다.

'어쩌면 크레온이 딸을 결혼시키는지도 몰라. 그래, 바로 그거야. 그렇다면 누가 그녀를 데려가는지 그리고 다음 코린토스의 왕은 누구인지를 알아봐야겠는걸.'

메데이아는 눈에 잘 띄지 않는 장소에서 결혼식 행렬이 가까이 오기를 기다렸다.

금마차에 타고 있는 사람은 다름 아닌 이아손과 글라우케였다. 이들의 뒤에는 크레온이 따라오고 있었고 그 뒤로는 다른 도시에서 초대받아 온 여러 왕의 전차 행렬이 이어졌다. 그들은 모두 아름다운 공주와 아르고선 대장의 결혼식을 보기 위해 온 것이었다.

글라우케는 행복한 얼굴로 이아손의 팔짱을 끼고 있었다. 이아손도 신들이 드디어 자신을 돌보아 준다고 생각하며 미소 짓고 있었다.

'내 보상의 때가 온 거야. 그리고 어쩌면 코린토스의 왕

관이 이올코스 것보다 더 가치 있을지도 몰라.'

하지만 그의 행복한 생각은 분노에 가득 찬 비명 소리 때문에 끊어졌다. 메데이아가 미친 사람처럼 군중을 뚫고

와서는 마차 위로 올라오려고 했다. 너무나 화가 난 메데이아는 이아손의 얼굴을 계속 때렸고 그의 얼굴을 손톱으로 할퀴고 발로 마구 차면서 소리 질렀다.

"이 배신자야, 맛이 어떠냐! 이 배은망덕한 놈 같으니라구! 내게 영원한 신의를 맹세했던 것은 어떻게 된 거지? 온 세상을 너 하나 때문에 포기한 나에 대한 의무를 잊어버린 거야? 너는 나와의 맹세를 잊어버린 그날을 후회하게 될 거야! 이제 너는 냉대와 모욕을 받게 될 거야! 그리고 글라우케! 너도 마찬가지야!"

그리고 메데이아는 기가 질린 군중에게도 소리쳤다.

"그동안 그렇게 경멸했던 나의 진짜 모습을 보게 될 것이다! 나를 증오했었지? 내가 진짜 증오가 뭔지 보여 주지! 너희 바보들이 내 가슴에 심고 키운 그 증오가 이제 무르익어서 신들의 저주처럼 너희들에게 터질 거야!"

메데이아는 더 이상 말을 할 수가 없었다. 크레온의 군사들이 그녀를 마차에서 끌어내렸다. 메데이아는 발로 차고 주먹을 휘두르고 저주를 퍼부으며 끌려갔다.

비록 메데이아의 소란으로 의식의 위엄이 조금 손상되

었지만 이아손과 글라우케의 결혼식은 예정대로 진행되었다. 하지만 두 사람이 꿈꾸고 있는 미래와 메데이아가 생각하고 있는 계획은 너무 달랐다. 혼자가 된 그 순간부터 메데이아는 복수를 계획했다.

죄가 있든 없든 간에 모두를 파멸로 몰고 갈 수 있는 끔찍한 계획을 짜는 메데이아의 황금빛 눈은 잔인하게 번뜩였다. 그녀의 증오는 너무나 강렬해서 복수에는 복수가 따르게 마련이라는 사실을 알면서도 상관하지 않았다.

크레온이 화가 잔뜩 나서 그녀의 방으로 걸어 들어오며 말했다.

"이 천한 마녀야! 너는 네 아버지와 조국을 배반했고 게다가 네 형제까지 죽였지. 네 힘을 잘 안다. 하지만 우리를 해치게 내버려 두지 않을 거야. 지금 당장 네 아이들을 데리고 코린토스를 떠나라. 당장 준비해라. 너희들을 먼 곳으로 데리고 가라고 명령을 내렸다. 다른 말은 듣고 싶지 않아. 내 결정은 이것으로 번복될 수 없어!"

크레온은 이렇게 말하고 문을 나섰다.

이 명령은 메데이아에게는 청천벽력 같았다.

'난 복수를 하기 전까지는 절대로 멈출 수 없어. 내게 필요한 것은 약간의 시간이야. 하루만 있으면 이 저주를 퍼뜨릴 수 있어. 그때까지는 어떻게든 버텨야 해.'

몇 분 뒤에 이아손이 들이닥쳤다. 불같이 화가 난 그는 그녀를 없애려고 했다. 메데이아는 겁이 났지만 자신의 분노를 보여서는 안 되었다. 우선은 거짓으로라도 후회하는 척해서 당장의 죽음만은 피해야 했다.

메데이아는 이렇게 고백했다.

"제가 잘못했어요. 난 당신이 생각할 수 있는 가장 가혹한 벌을 받아야 해요. 채찍질을 하시든지 저주를 내리시든지 죽이시든지 마음대로 하세요."

메데이아의 행동에 이아손의 태도는 누그러졌다.

"도대체 무슨 일이 있었던 거지?"

메데이아는 울면서 말했다.

"다 제 잘못이에요. 하지만 이제 때가 왔어요. 크레온은 우리를 코린토스에서 추방하겠대요. 나에게는 정당한 벌이에요. 나는 거지가 되어 배고픔과 냉대 속에서 죽어도 괜찮아요. 하지만 그는 우리 아이들까지 떠나라고 명령했어요!"

"아니, 아이들까지?"

"그래요, 아이들은 어떻게 하지요? 누가 이국 땅에서 우리 아이들을 보살피죠? 내가 죽는 것은 당연하지만 그렇게 되면 죄 없는 아이들은 너무 불쌍해요. 이아손, 당신이 아이들을 도와줘야 해요."

이아손은 약속했다.

"아이들을 위해서라면 당신이 원하는 대로 다 하리다."

'배신자! 이제 너는 내가 마련해 둔 덫에 완전히 걸려들었구나!'

그녀는 표정을 감추고 속으론 쾌재를 불렀다.

"이렇게 해 주셔야 해요. 궁으로 가서 여기서 보신 것을 크레온에게 말하세요. 메데이아는 진짜로 후회하고 자신의 잘못을 뉘우치고 있다고요. 그래서 자기 발로 코린토스를 떠나고 싶다고요.

하지만 준비를 하기 위해서는 하루 정도 필요해요. 이 도시에서 10년이나 살았잖아요. 그리고 또 이 말도 덧붙이세요. 메데이아가 오늘 저지른 잘못을 보상하는 뜻에서 내일 글라우케에게 선물을 보내겠다고요. 아주 멋진 가운과 순금으로 된 왕관을 아이들과 함께 보내겠다고요. 아이들은 코린토스에서 추방하지 말아 주기를 글라우케가 크레온에게 부탁해 주었으면 하는 뜻이에요."

이아손이 말했다.

"당신 때문에 생긴 잘못을 스스로 해결하려 하다니 정말 고맙소. 당신이 계획한 대로 모든 게 이루어질 것이오."

"저도 그랬으면 좋겠어요!"

이아손은 이렇게 말하는 그녀의 눈에서 빛나는 악마의 모습을 보지 못했다.

크레온은 결국 메데이아가 딱 하루만 더 머물도록 허락했다. 메데이아는 가운과 왕관에 마법을 걸 시간을 벌었다. 정말 아름답고 빛나는 옷이었다. 그러나 옷 속에는 메데이아만이 만들어 내는 독이 발려 있었다.

다음 날 아침, 작업을 끝낸 메데이아는 가운과 왕관을 상자에 담았다. 그리고 두 아들을 불러서 그 선물을 글라우케에게 가져다주고, 네 형제가 코린토스에 남아 있게 해 달라고 크레온을 설득해 줄 것을 부탁하라는 것까지 일렀다.

글라우케는 선물을 받고 싶지 않았다. 하지만 황홀한 가운과 왕관을 보자 너무 기뻐서 아버지에게 말해 보기로 동의했다.

아들들이 글라우케에게 다녀온 뒤, 메데이아는 궁금해지기 시작했다.

'과연 내 마법이 효과가 있을까? 글라우케는 내가 준 가운을 입을까, 안 입을까?'

하지만 그 옷을 보자마자 그렇게 좋아했다는 말을 듣고는 메데이아의 얼굴에 잔인한 미소가 흘렀다.

'그래, 내 계획은 성공할 거야.'

메데이아는 오래 기다리지 않아도 되었다. 얼마 안 있어서 크레온의 부하가 그녀의 집 안으로 쳐들어왔다.

"썩 이 도시를 떠나거라, 이 악마야! 지금 코린토스에는 재앙이 닥쳤고 그건 바로 너 때문이다!"

메데이아가 환영의 손길로 그를 반겼다.

"어서 들어오셔서 다 이야기해 주세요. 정말 좋은 소식을 가지고 오신 모양이군요."

끔찍한 복수

"사람의 입으로 전할 수 있는 가장 끔찍한 소식을 가져왔다. 이야기를 다 듣고 네가 얼마나 끔찍한 일을 저질렀는지 알아야 한다. 글라우케는 네가 보낸 가운을 입고 거울 앞에서 감탄하고 있었지. 정말로 그녀를 백 배는 더 예뻐 보이게 하는 옷이었으니까.

아무것도 의심하지 않은 글라우케는 왕관을 이마에 썼다.

'정말 훌륭한 왕관이야!'라고 중얼거렸지. 그러더니 갑자기 고통으로 소리를 질렀다. '도와 줘요! 내가 타고 있어요!' 네가 보낸 가운은 그녀의 몸에 달라붙어서 연기를 내며 타고 있었어. 왕관은 또 그녀의 이마에서 빨갛게 달군 다리미처럼 타올랐지.

그녀가 비명을 지르자 크레온이 달려왔지. 글라우케는 '아버지, 마녀의 마법에 걸린 저주가 나를 죽이려고 해요! 살려 주세요!'라고 울부짖었다. 크레온이 글라우케의 옷을 뜯어 내려고 했지만 그러면 그럴수록 더 그녀에게 딱 달라붙었고 거기에다가 불까지 붙었어.

크레온은 다시 한번 옷을 떼어 내려고 했지만 불길이 그에게까지 옮겨붙었다. 두 사람은 마치 횃불 같았다. 그들이 만지는 것은 모두 불이 붙었지. 그들을 돕기 위해 군사들이 왔지만 그들 역시 배고픈 노란 불꽃의 먹이가 되었다.

글라우케, 크레온 그리고 그를 도와주려 한 모든 이들이 궁궐에서 죽었다. 궁궐 전체가 불길에 휩싸였어. 이제 궁전이 있던 자리에는 오로지 재만 한 더미 남았지. 코린토스의 모든 사람이 이 끔찍한 사건을 슬퍼하고 있다. 내가 어떻게 빠져나왔는지 모르겠네. 어떤 신이 나를 구해준 게 틀림없어."

메데이아가 물었다.

"그럼 이아손은? 그 배반자는 어떻게 하고 있나요?"

"이 마녀야, 네 뜻대로만 되지는 않아. 이아손은 하나도 다치지 않고 살아남았어."

"불쌍한 인간 같으니라구! 내 그에게는 더 큰 벌을 준비하고 있지!"

"마녀! 살인자! 너를 죽이기 전에 썩 코린토스를 떠나지 못할까!"

"그를 완전히 깔아뭉개기 전까지는, 또 내가 할 수 있는 가장 끔찍한 범죄를 저지르기 전까지는 안 돼!"

크레온의 부하는 메데이아의 말에 소름이 끼쳤다.

"너는 여자가 아니라 사나운 악녀야!"

그는 이렇게 외치고는 메데이아가 무서워서 도망갔다.

메데이아는 거기 그렇게 서 있었다.

"자, 이제 마지막이자 가장 끔찍한 행동을 할 때가 되었군. 이제 이아손은 배은망덕의 결과가 어떤 건지 알게 될 거야! 배신의 종말이 뭔지 알게 될 거야! 곧 온 세상이 '메데이아'라는 공포에 떨게 될 거야! 하지만 이제 더 이상 지체할 수가 없구나. 날 아프게 하면 할수록 그의 고통도 더 클 거야. 너무 값비싼 대가라도 어쩔 수 없어. 그와 같은 배반자에게는 이 벌이 제격이야!"

그리고 몇 분 뒤, 이 무시무시한 마법사는 어머니의 손으로는 할 수 없는 끔찍한 일을 저질렀다.

"문 열어!"

그 일이 채 끝나기도 전에 이아손이 문 앞에 서 있었다.

어떤 새로운 충격이 자신을 기다리고 있는지 꿈에도 모른 채 이아손은 메데이아의 방으로 들어왔다. 그는 너무나 슬픈 나머지 소리 지르지 않고 조용히 말했다.

"이제 복수를 충분히 했어?"

"아니, 그렇지만 곧 내가 만족할 만한 시간이 오게 될 거야. 네가 정신적으로 고통받는 것을 보고 나면 말이야. 어서 아이들 방문을 열어!"

이아손은 어리둥절해서 그녀를 보았다.

'무슨 뜻이지? 왜 아이들 방문을 열라는 거지?'

이아손은 이렇게 망설이며 방문을 열었다.

공포 중의 공포! 그의 발아래에는 자신의 두 아이의 시체가 누워 있었다.

이아손은 절망으로 몸부림치며 외쳤다.

"오, 신이시여! 왜 제게 이렇듯 심한 벌을 주십니까? 제가 그렇게 잘못했습니까? 물론 잘못했습니다. 압시르토스를 죽음으로 유인했을 때도 그랬고 지금 또 내 맹세를 깸으로써 이런 끔찍한 운명을 맞이한 것이지요. 나는 배은망덕한 배신자이고 그 어떤 신에게도 내 불행의 책임을 돌릴 수가 없어. 모두 내 책임이야."

이아손은 충격을 받은 채 아이들의 방에서 나왔다. 그는 머리를 떨군 채 메데이아 앞에 섰다. 원한다면 그녀를 죽일 수도 있었지만 그에게는 그럴 힘이 남아 있지 않았다. 게다가 그녀를 죽인다고 해서 얻어지는 게 뭘까?

"어떻게 그럴 수가 있지?"

이아손은 얼굴을 감싸고 눈물을 흘렸다.

이아손은 사랑스러운 아이들을 잃은 충격에서 벗어나지 못하고 비틀댔다. 메데이아는 여전히 남아 있는 증오심과 복수를 이룬 만족감에 취해 그의 뒷모습을 바라보았다. 하지만 그가 사라지자 메데이아는 아이들 방으로 가서 두 아이의 시체 위에 몸을 던지고는 흐느껴 울었다. 그녀는 사랑하는 아이들을 자기 손으로 죽였다. 이것이 신들이 그녀에게 내린 마지막 벌이었다. 아버지와 조국을 배신하고 형제를 죽인 데 대한 마지막 벌이었다.

메데이아는 몇 시간이고 누워서 울었다. 그녀는 마침내 일어나 눈물을 닦고 물을 가져와 아이들의 몸을 씻겼다. 그런 뒤 장례 옷으로 갈아입히고는 아크로코린토스로 들고 올라가서 헤라 신전 옆에 묻었다.

물론 메데이아는 더 이상 코린토스에 있을 수가 없었다. 그녀를 아직도 믿고 불쌍히 여기는 이는 그녀의 할아버지, 헬리오스뿐이었다. 헬리오스는 그녀를 위해 용이 이끄는 전차를 보내주었다. 메데이아는 남은 자녀 둘을 데리고 멀리 날아가 버렸다.

얼마 안 되어서 메데이아는 아테네의 왕인 아이게우스와 결혼했다. 그녀의 간절한 소망은 자신의 아들 가운데 한 명을 후계자로 세우는 것이었지만 테세우스가 그 길목에 있었다. 그래서 그녀는 결국 마지막에 다시 그녀의 조국으로 달아났다.

코르키스로 간 그녀는 아버지가 왕좌에서 밀려난 것을 알았다. 하지만 마법의 힘으로 다시 아버지에게 왕좌를 찾아 줌으로써 그와 화해했다.

뒤에 그의 아들 메도스가 이웃 나라의 왕이 되었고 그 이후로 그곳은 메디아로 불렸다.

메데이아는 죽지 않았다는 이야기가 있다. 마법의 힘이 너무 세서 죽음마저도 그녀를 두려워했다고 한다. 그리하여 가장 강력한 마법사인 메데이아는 죽지 않고 모든 마녀의 수호자가 되었다고 한다.

마녀들이란 좋은 일도 하지만 대개는 주문을 욀 때마다 슬픔과 파멸을 불러오는 경우가 더 많다.

어쩌면 몇몇 신은 그녀의 끔찍한 범죄를 용서했는지도 모른다. 하지만 사람들은 절대로 잊지 않았다. 이후로 메데이아는 '살인녀'라는 의미로 쓰인다.

그러면 이아손은 어떻게 되었을까?

이아손의 죽음

한때 막강한 영웅이었던 이아손은 자신의 상실감을 채워 줄 뭔가를 찾아다녔지만 그 어디에서도 찾지 못했다. 모든 목표가 사라졌고 그는 여기저기 돌아다녔다. 세월이 약이라고는 하지만 이아손의 슬픔에는 약이 되지 못했다. 겁 모르는 아르고선 대장이었던 그는 신과 인간 모두에게서 버림받았다.

이아손은 몇 년 동안 아무 목표 없이 바람에 쓸리는 낙엽처럼 돌아다니다가 코린토스의 포세이돈 신전 앞에 서 있었다.

"여기 어딘가에 아르고선을 모래 위에 정박시켜 놓았었는데……."

이아손은 다시 한번 옛날의 모험을 생각하며 맥박이 빠르게 뛰는 것을 느낄 수 있었다.

"도대체 어디에 있는 걸까? 어디로 갔을까?"

혼자 중얼거리는 그의 눈에 난파된 배의 조각들이 들어왔다.

"설마 저 오래되고 낡은 덩어리가?"

그는 혹시나 하면서 다가갔다.

그 배는 진짜 아르고선이었다. 헤라의 뱃머리 성상도 아직 있었지만 여기저기 깨진 데다 비바람에 망가져 더 이상 알아볼 수가 없었다.

이아손을 보호하고 도움 줄 이가 누가 있단 말인가? 아무도 없었다. 언제나 그를 보호해 주던 헤라마저도 없었다.

그 시절 이후 얼마나 많은 일이 일어났던가! 하지만 이제 영광은 사라졌다. 한때 멋졌던 아르고선의 지금 모습은 어떠한가? 헤라의 성상은 얼마나 자랑스럽게 저 바다를 바라보았던가. 그러나 이제 망가진 성상을 보라. 이아손, 자네의 젊었을 때의 업적은 얼마나 근사한가. 그런데 지금의 그대를 보라. 황금 양털이 보장한다던 부와 행복은 어디에 있는가? 도대체 어떤 힘들이 인간의 운명을 좌우한단 말인가?

이아손의 머리는 이런 질문들로 혼란스러웠다. 그는 아르고선의 뱃머리가 만들어 주는 그늘에 누웠다. 잠이 찾아왔다. 그가 자고 있는 동안 강한 바람이 불어왔다. 바람을 견디지 못한 헤라의 성상이 이아손 위에 떨어졌다. 그리고 그는 죽었다.

이리하여 수많은 위험을 이겨 낸 이아손은 어처구니없이 죽었다. 그의 수호자였던 헤라는 드디어 자신이 사랑하던 영웅을 버렸다. 헤라가 죽이려고 한 것이었을까? 벌이었을까? 아무도 모를 일이다.

아르고선의 대장은 죽었다. 하지만 그와 동료들이 이룩한 업적은 영원히 영광 속에서 빛날 것이다. 그 증거는 이들이 항해에서 겪은 수많은 이야기들을 세상 수백만 사람들이 읽고 감탄했다는 기록이다. 이들이 지나갔던 항로들을 정확하게 기록하고 연구하고 때로는 이들이 진짜로 항해한 목적이 무엇이었는지를 알고자 하는 열정적인 관심 또한 그 증거다.

많은 학자들은 황금 양털이라고 하는, 부와 풍요를 가져다 준다는 이 부적은 다름 아닌 금이라고 주장하기도 한다. 그러나 아르고선 대원들이 금을 잔뜩 싣고 왔는지 아닌지와는 상관없이, 그들의 업적은 위대한 것이다.

그들은 용기와 의지로 미지의 바다, 사람들이 두려워하는 괴물 등이 도사리는 새 길을 개척했다. 이들의 대담함으로 심플레가데스는 닫히지 않았으며 몇 세기 안에 그리스의 배들은 흑해 연안의 코르키스에서 프랑스, 스페인의 해안까지 모두 개척하여 새로운 도시를 세웠다. 또 동쪽과 서쪽의 문화를 모두 가져오게 되었다.

제1권 키워드 **권력**
  제우스 헤라 아프로디테

제2권 키워드 **창의성**
  아폴론 헤르메스 데메테르 아르테미스

제3권 키워드 **갈등**
  헤파이스토스 아테나 포세이돈 헤스티아

제4권 키워드 **호기심**
  인간의 다섯 시대 프로메테우스 대홍수

제5권 키워드 **놀이**
  디오니소스 오르페우스 에우리디케

제6권 키워드 **탐험**
  다이달로스 이카로스 탄탈로스 에우로페

제7권 키워드 **성장**
  헤라클레스

제8권 키워드 **미궁**
  페르세우스 페가소스 테세우스 펠레우스

제9권 키워드 **용기**
  이아손 아르고스 코르키스 황금 양털

제10권 키워드 **반전**
  전쟁 일리아드 호메로스 트로이

제11권 키워드 **우정**
  오디세우스

제12권 키워드 **독립**
  오이디푸스 안티고네 에피고오니

정재승이 추천하는
뇌과학으로 신화 읽기 《그리스·로마 신화》